1, 2 サグラダ・ファミリア教会(バルセロナ)とその内部 ⇨ 226 頁

ガウディ設計のカサ・ミラ(バルセロナ) ⇨ 227 頁

5

4

セビーリャ大聖堂のヒラルダ
⇨ 63 頁

サンタ・マリア・マグダレーナ教会(セビーリャ)の祭壇 ⇨ 130 頁

6

エル・エスコリアル宮殿
⇨ 99 頁

7

7, 8 メスキータ(コルドバ)のミフラーブと，二重馬蹄形アーチの連なり ⇨ 29 頁

8

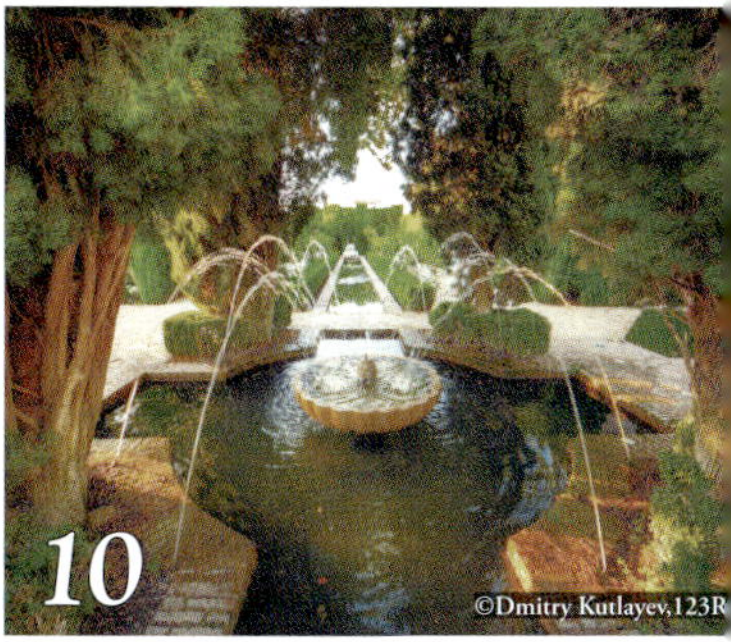

9~11 アルハンブラ宮殿（グラナダ）とその庭園，および「ライオンの中庭」 ⇨ 65 頁

サンティアゴ・デ・コンポステーラ大聖堂 ⇨ 49 頁

ベナベンテでの民衆闘牛(1506 年)
⇨ 160 頁

グラナダでの闘牛 ⇨ 160 頁

カフェ・カンタンテ(アラルコン作，1890 年) ⇨ 185 頁

セビーリャでのフラメンコ ⇨ 183 頁

17 トマティーナ祭での女性たち ⇨ 143 頁

18 マヨルカ島の市場でのカラフルなピーマン類 ⇨ 141 頁

19 ガスパチョ ⇨ 142 頁

20 発見された聖ヤコブの遺骸 ⇨ 48 頁

ブルゴスのサンティアゴ巡礼路を示す「聖ヤコブの貝」 ⇨ 49 頁

パレンシアの聖週間におけるパーソ像行列 ⇨ 131 頁

アルタミラ洞窟の壁画
（複製）⇨ 7 頁

24, 25 現代のトレドと版画に描かれた 16 世紀のトレド ⇨ 44 頁

レパントの海戦 ⇨ 99 頁

にぎわうセビーリャの港 ⇨ 104 頁

28

ムリーリョ作「パドヴァの聖アントニウスの幻視」⇨ 133 頁

29

ゴヤ作「鰯の埋葬」⇨ 169 頁

30

エル・グレコ作「オルガス伯の埋葬」⇨ 136 頁

31

ベラスケス作「ラス・メニーナス」⇨ 138 頁

地図1：イベリア半島
大西洋
フランス
サンティアゴ・デ・コンポステーラ
ピレネー山脈
サラゴサ
バルセロナ
サラマンカ
マドリード
ポルトガル
トレド
バレンシア
スペイン
リスボン
コルドバ
地中海
グラナダ
セビーリャ
カディス
ジブラルタル海峡
アフリカ大陸

地図2：現在のスペイン
（17自治州と2自治都市）
アストゥリアス
カンタブリア
バスク
ナバラ
ガリシア
ラ・リオハ
カスティーリャ・イ・レオン
アラゴン
カタルーニャ
マドリード
エストレマドゥーラ
カスティーリャ・ラ・マンチャ
バレンシア
バレアレス
アンダルシア
ムルシア
カナリアス
セウタ
メリーリャ

情熱でたどるスペイン史

池上俊一 著

岩波ジュニア新書 890

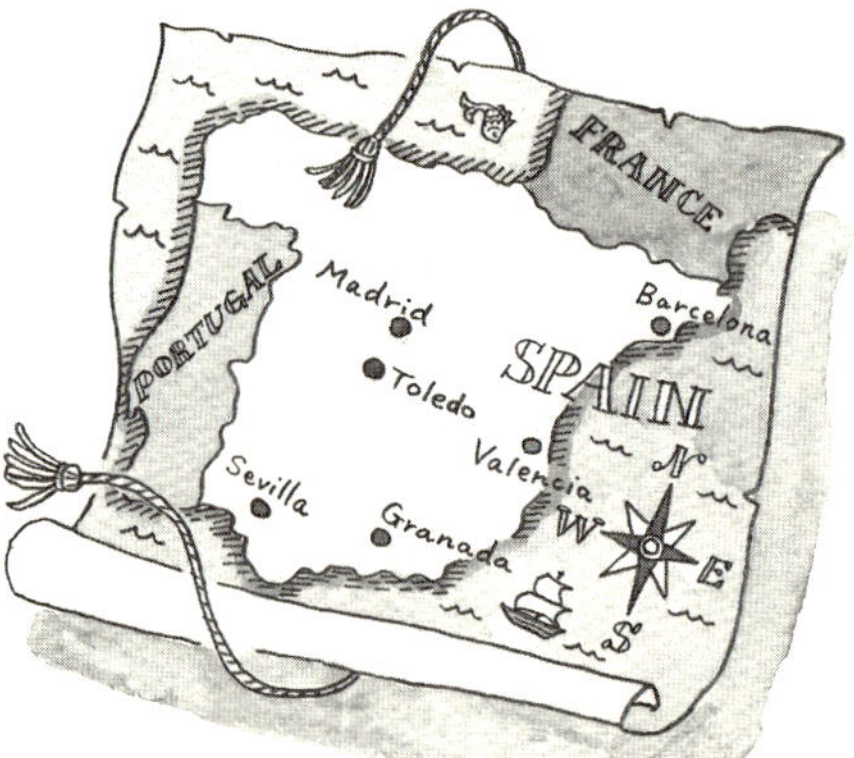
FRANCE
PORTUGAL
SPAIN
Madrid
Toledo
Barcelona
Valencia
Sevilla
Granada
N
W
E
S

はじめに

皆さんは、スペイン人というとどんなイメージを思い浮かべるでしょうか？　なんと言っても情熱的な民族ということではないでしょうか。のんびりと悠長《ゆうちょう》で質素な生活をしている人たちが、ある時、いきなり情念のとりことなって大それた行動に走るのを目にすると、だれもが一驚《いっきょう》してしまいます。

スペイン人の情熱が集約されたような芸能に、フラメンコがあります。激しいリズムの舞踏《ぶとう》と高速タップ、民族の悲哀《ひあい》を訴えるメロディーと歌詞、魂《たましい》の奥底からしぼり出されるようなしゃがれ声、薄暗いホールのなかで演じられる情熱のパフォーマンスに感化され、私たち観客の体内でもしだいに電流のボルトが上昇して、胸がいっぱいになってきます。私はこれまで、二度フラメンコを見る機会に恵まれましたが、いずれも圧倒的な感銘《かんめい》を受けました。

もうひとつ思い出を紹介させてください。私は三〇年ほど前、二年あまりパリの大学に留学していました。まだ右も左もわからなかったとき、すぐに親しくなったのが、韓国人の学生K

君でした。私は歴史学、彼は映画学を専攻し、まったく違う分野でしたが、気があってしばしば一緒に散歩したりカフェでおしゃべりしたものです。

そのK君がある日、いつになく落ちこんでいたので心配して事情をたずねると、じつはスペインに旅行してある女性と知りあい、引きさかれるようにしてパリにもどってきたというのです。うるんだ目で深いため息を何度もつきながら「スペイン女性はすごい、すごい情熱(passion)なんだ」と、「passion」という言葉を熱に浮かされたようにくり返していたのが、今でも耳の底に残っています。

残念ながら私はスペイン女性とおつきあいする機会に恵まれませんでしたが、それ以来、メリメの小説『カルメン』の主人公のような情熱的な女性、男たちを翻弄《ほんろう》して破滅《はめつ》させていく「宿命の女」がスペインには本当にいるんだ、と確信しました。もちろんその男性版とも言える、プレイボーイの代名詞「ドン・ファアン」も忘れてはなりません。

情熱のスペイン人を物語るものは、まだまだあります。観客たちが声をかぎりに「オレー!」とさけびながら興奮する闘牛《とうぎゅう》もそうですし、現代ならレアル・マドリードやバルサなど名門チームを誇るサッカーへの熱狂も思い浮かびます。

こうした情熱的なスペイン人については、一九世紀以来、フランスをはじめとするヨーロッパの文人たちが、スペインを旅行し観察して、ヨーロッパの「異郷」たるスペインの自然や風俗とともに熱心に書き残してきました。しかも「情熱の国」という惹句《じゃっく》は、一九世紀から二〇世紀にかけてのヨーロッパ人たちに受けただけでなく、観光宣伝向けのキャッチコピーとしても最適でした。実際、今なおスペインへのツアー案内に、フラメンコや闘牛と関連づけて「情熱」をうたう文章がいかに多いことでしょう。

スペイン史の研究者たちはこうした傾向にうんざりしているようで、「情熱の国」などという口にするのもはずかしいような惹句で先入観をうえつけるのはやめてくれ、と言います。いわく、スペイン人は情熱にかられて盲目的に行動するばかりのおろか者ではなく、もっと生《き》まじめで堅実な現実主義者なのだ、海岸部と内陸、南部と北部など地域によって自然も違えば文化も多様なのに、どうして情熱の赤いペンキで全体を染めあげてしまうのだ……などなど。

おっしゃる通りだと思います。でもそれがわかったうえで、なおかつ本書では、あえて使い古されたキャッチコピーとなった「情熱」をキーワードに、スペインとスペイン人の歴史をたどっていきたいのです。その理由の詳細については本書全体を読んでいただかなくてはなりませんが、一言で言えば、スペインとスペイン人を創っていった歴史は、フラメンコや闘牛に表れた情熱だけではなく、より深い意味での情熱の生成とともにあったと思うからです。

それは、全体的な生の流れと一致した感情としての情熱です。そしてそこには、古代ローマから西ゴートへの文化の継受、中世のイスラームとキリスト教諸国家の相克《そうこく》と交流、近代のスペイン複合王政と地域主義といった長い歴史のドラマが密接にからんでいたのであり、そうした立場で一貫してスペイン史を見ていくことで、この国の複雑な歴史がよりすっきりと理解できると考えています。

最後に、明治時代に文明開化した日本が、国の制度づくりや産業発展の模範にしたのはイギリス、フランス、ドイツといったヨーロッパの先進国で、その頃落ちぶれていたスペインはまったく視野の外でした。

ですが、戦国時代の日本にキリスト教を伝えたのは、スペイン人(フランシスコ・ザビエル)です。一五八二年にキリシタン大名たちが派遣《はけん》した天正遣欧使節《てんしょうけんおうしせつ》や、一六一三年に仙台藩主だった伊達政宗《だてまさむね》が派遣した慶長《けいちょう》遣欧使節も、スペインを訪れて当時の国王と面会しています。スペインやポルトガルとの交流は、「南蛮文化《なんばんぶんか》」とよばれる独特な芸術や衣食にまつわる風習を日本にもたらしました。

そういった日本との精神的つながりにも思いを寄せながら、ふかぶかと情熱を湛《たた》えたスペイン人たちの創ってきた歴史をたどっていきましょう。

目次

第１章

ローマ属州から西ゴート支配へ

――先史時代～中世初期――

セビーリャのイシドルスと姉のフロレンティナ

スペインという「国」が統一国家として完成したのは一五世紀末です。しかし、それ以前の長い歴史の間に現れた文化・社会の諸要素、そして諸制度が、その国づくりには生かされていきました。

ですからスペイン史の理解には、古代からたどっていく必要があります。ローマ時代と初期中世の西ゴート支配の時代を、スペイン史の最初の栄《は》えあるスプリングボード（踏み切り台）と見なすことも可能でしょう。

アフリカの一部としてのスペイン

ですが、歴史を語る前に、まずスペインの気候風土に目を向けてみましょう。環境は、そこにやって来て生活を始める住民たちの性向を大きく規定するからです。

ヨーロッパ南西部につき出たイベリア半島に位置するスペインの面積は、五〇万六〇〇〇平方キロメートル。フランスよりわずかにせまいものの、イギリスやイタリアよりも広いです。

半島中央には広大な高地があり、それが山々にふちどられています。フランスとは屏風《びょうぶ》のようにそびえるピレネー山脈でさえぎられ、アンダルシアやガリシアの彼方《かなた》には大西洋の大海原が広がり、東海岸は地中海の波に洗われています(口絵地図1)。

こうして大西洋と地中海にはさまれた絶好の位置が、スペイン人の海外進出・植民地支配に大きく貢献したのですが、それは中世から近世にかけてのことです。古代ないし先史の時代には、アフリカ大陸との決定的近さが、より意味深かったのです。

地図を見れば一目瞭然《いちもくりょうぜん》ですが、イベリア半島はまさにアフリカと一衣帯水《いちいたいすい》の地です。そしてヨーロッパ(より大きく見ればユーラシア大陸)とアフリカ大陸の蝶番《ちょうつがい》の位置にあります。

近代ヨーロッパ諸国からは、スペインのアフリカとの近さを揶揄《やゆ》する言葉も多く吐《は》かれました。フランスの作家アレクサンドル・デュマの言葉として「アフリカはピレネーから始まる」があるそうです(ナポレオンの発言とする説もあります)。言葉をかえれば、スペインはヨーロッパではない、アフリカの一部だということになります。

事実、ピレネー山脈が立ちふさがっているので、スペインは長らくヨーロッパの歴史の展開からは孤立して、独自の歴史を歩まざるをえませんでした。少なくとも中世以前には、北方ヨーロッパよりもアフリカとの通交がより容易でした。ジブラルタル海峡を越えて、つぎつぎ諸民族がやって来て、国を建てて住みついては、また引きあげました。

当然、争いが絶えませんでしたが、平和共存への工夫もなされました。そうした異民族の坩堝《るつぼ》として、民族共存と文明交流の場になりえたのは、スペインの「アフリカ性」がもたらしたものでしょう。

スペインは、アフリカとヨーロッパ、どちらから見ても「辺境《へんきょう》」ですが、双方の先端基地でもあるという見方もできるでしょう。

スペインのアフリカ性はヨーロッパへの劣等性を意味しないし、むしろそれを誇ってもよいと思います。というのも、近年では、アフリカと南ヨーロッパ、中東アジアを含んだ地中海文化圏の再興が、世界文明の未来を照らすひとつの光明となっているからです。

中央台地(メセタ)と乾燥した貧しい大地

スペインの地勢的・地質学的な特徴のひとつは、国土の半分以上が中央台地(メセタ)で占められているということです(図1-1)。メセタというのは、標高七〇〇メートルほどの高原地帯で、岩がごろごろとむき出しになった茶褐色《ちゃかっしょく》の不毛な荒地です。

スペインではこうした殺風景な荒地が、いくつもの厳しい姿の山脈——三〇〇〇メートル級

1-1　ナバラ州のバルデナス・レアレス自然公園の光景

の山をいくつも抱えるピレネー山脈やベティカ山系もあります——で囲まれ、あるいは切りきざまれているため、長らく他地域への行き来がさまたげられていました。

さらにドゥエロ川、タホ川、グアディアナ川、グアダルキビル川、エブロ川などの大きな川はあっても水はとだえがちで、涸《か》れ谷が多く、河口の平地もあまり広がっていないため、船舶の航行には適しませんでした。それらは交通手段としての川ではなく、反対に土地と土地をへだてる障壁《しょうへき》になっていたのです。といって、オオカミなどの野獣や盗賊《とうぞく》が跳梁《ちょうりょう》する悪路を、徒歩やラバの背に乗って旅するのは、容易ならざることでした(図1-2)。

スペインの土地の大半(約八割)は乾燥した気候で一年を通じて雨が少なく、年間の降雨量が平均四〇〇~五〇〇ミリほど。一部、半島北部、大西洋岸のガリシアからピレネー山脈にかけてのみは多雨地域で、年間の降水量は一五〇〇ミリ以上になることもあるそうです。著しい気温差がとりわけ内陸部にはあって、昼と夜の差、および年間の温度差がすさまじく、一年のうち最高と最低の差が五〇度を超えるところもまれではありません。

　農業は、北部では山の森林にはさまれたせまい農地で零細《れいさい》土地所有者による経営がなされ、反対に南部では大土地所有の貴族が借地農を使う粗放《そほう》な農業が行われてきました。内陸のメセタに大きな小麦畑・ぶどう畑が広がっていますが、生産性は高いとはいえません。メセタや山岳地帯では、牧畜もさかんでした。

　夏にはギラギラした灼熱《しゃくねつ》の太陽が照りつけ、冬はすがるもののない厳寒にたえねばならない。見渡すかぎり赤茶けて乾いた不毛の大地で、細々と農作物を育てたり移牧をしたりしながら生活の資を得てきた住民は、逆境にたえ、一種のあきらめをもって、家族や村人たちと運命共同体を形成してきたのでしょう。

　イベリア半島は海にはさまれているので海岸地帯が長く、そこにはメセタとはまるで異なる風景(柑橘類《かんきつるい》やオリーブ栽培の段々畑など)が存在しているのはたしかでしょう。しかしその海岸

1-2　難路を通って食料を運ぶラバの隊商

地帯も内陸に向かっていりくんだ峡谷をたどっていくと、つねにメセタにいたります。

いわばメセタがイベリア半島を支配しているのです。不毛の大地の巨大な現存は、イベリア半島住民の心性《しんせい》を大きく規定していったように私には思われます。荒涼《こうりょう》たるむき出しの原野に、暑熱と酷寒の厳しい自然が支配する大地の生活は、心地よい中間状態に憩《いこ》うことなく、極端から極端へと移る心性をかもし出したのではないでしょうか。

こうした厳しい自然環境は、スペイン人特有の「情熱」の源泉になったように思われます。ただしその情熱が燃えあがるには、これから物語っていく、さまざまな歴史的できごとの刺激が必要でした。

イベリア人とケルト人

さて、イベリア半島に定住した最古の原人類は、およそ五〇～四〇万年前の旧石器時代にさかのぼるようです。スペイン北部のカンタブリア州にあるアルタミラ洞窟《どうくつ》の壁画からうかがわれるように、洞窟に住み穴居《けっきょ》文化を発達させていました(口絵23)。

古代ギリシャ・ローマの文献に登場し、歴史時代にまで大きく影響を残したイベリア半島の原住民とされるのは、イベリア人とケルト人です。最初は紀元前三〇〇〇年代にアフリカからハム系のイベリア人がやって来て、カタルーニャからアンダルシアにかけての半島東部・南部に住みついたようです。イベリア人は農業、陶磁器類《とうじきるい》、銅・青銅の技術を相次いでもたらしました。この民族は、古代エジプトやクレタ文明に親近性があるようです。

イベリア半島に北方住民がやって来たのは遅く、紀元前一〇〇〇年を超えた頃でした。すなわち紀元前九〇〇年から紀元前六五〇年に、中央ヨーロッパからピレネー山脈を通ってインド・ヨーロッパ系のケルト人が入ってきたのです。彼らは祖地であるドナウ川縁辺の鉄器文化を、それまで青銅器しかなかった半島北部や内陸部に広めていきました。またその武具や装身具は、幾何学模様《きかがくもよう》と精緻《せいち》な細工が特徴でした。彼らは先住のイベリア人と混血・融合していって、ケルト・イベリア人とよばれるようになりました。

ほかに古くからいたのは、タルテッソス王国(グアダルキビル川河口付近にあったとされる王国で金属が豊富でした)を建てたタルテッソス人、初期鉄器文明を残しスペインからイタリア北西部に住んだリグリア人などです。

さらにその後、前八世紀頃、アフリカから入ってきたフェニキア人が交易を目的としてアンダルシア地方に定着し、植民市《しょくみんし》(ガディル〔現カディス〕など)を建て、やや遅れてギリシャ人も南部に到来しました。彼らは金属類、とりわけ錫《すず》を探しにやって来たのです。というのも、青銅づくりに不可欠の錫がオリエントにはまれだったからです。そして彼らがタルテッソス王国との交易に従事することで、イベリア半島は地中海文化圏・交易圏に加わりました。

その後、フェニキア人および彼らを引きついだカルタゴ人は、半島南部に次々と植民市を建設し、ギリシャ人のほうは反対に北部と東部に植民しました。カルタゴ人とギリシャ人は西部地中海で対立しますが、やがてギリシャ人を追い出したカルタゴ人は、ローマ人が前三世紀に到来するまで、西地中海交易を独占しました。

ローマの一属州として

イタリア中部ラティウム地方に築かれたローマは、王政から共和政に移行した紀元前六世紀末から地中海の南北に急速に領域を拡大し、住民に市民権を与える代わりに納税義務を課し、また戦時には兵力と物資の提供を要求しました。当然、イベリア半島もローマの重要な進出地になります。

地中海の覇権《はけん》をかけて共和政ローマとカルタゴが争った、三回にわたるポエニ戦争に勝利したローマは、イベリア半島をローマ領にくみいれます。とくにカルタゴのハンニバルとローマのスキピオ父子が活躍した第二次ポエニ戦争(前二一八～二〇一年)が決定的で、敗北したカルタゴは、アフリカ北岸の本土以外、海外領土をすべて失いました。

こうしてイベリア半島はローマの領土となり、ヒスパニアとよばれたこの地域はおよそ前二〇〇年から六〇〇年間余りにわたってローマによる支配がつづきました。しかしローマ領となってからも長らく、半島北部のガリシア、アストゥリアス、カンタブリアあたりでは、現地人の反乱がくり返し発生しました。ローマから送りこまれた統治者らは、本国から距離があるのを幸いと、反乱鎮定《ちんてい》を利用して、さまざまな権限・利得を手に入れようとしました。

共和政期後半になると、ローマの統治機関であった元老院《げんろういん》は、ヒスパニアをより緊密なコントロール下におくことをめざします。つまり、在地の諸部族をローマ世界とその経済システムにくみこもうという企図《きと》です。

そして前六一～前六〇年にはローマの将軍・政治家であったカエサルがヒスパニア経営を担《にな》い、さらに帝政を始めたアウグストゥスは前二六年、自らヒスパニアに遠征してカンタブリア戦争を遂行《すいこう》し、その結果、前一九年にヒスパニア全体がローマ帝国に併合されました。

アウグストゥスについで、フラウィウス朝の皇帝たちがイベリア半島をより緊密にローマと一体化させる政策を打ちだします。皇帝ウェスパシアヌスは七〇年頃ヒスパニア全土の先住民の都市にラテン権を付与し、ヒスパニア住民はローマ人との通商権・通婚権を獲得しました。

ドミティアヌス帝治下の八三年には、ヒスパニア諸都市にフラウィウス自治市法が発布され、都市参事会の役割や都市運営について細かく定められました。二一二年には、カラカラ帝によって属州の全住民にローマ市民権が付与されます。

こうしてローマの属州としてしっかりくみこまれたイベリア半島（ヒスパニア）の行政的再編を行ったのが、三世紀末のディオクレティアヌス帝でした。第二次ポエニ戦争直後、地中海岸に二つの属州「ヒスパニア・キテリオル」（近いヒスパニア）と「ヒスパニア・ウルテリオル」（遠いヒスパニア）が設置され、その後アウグストゥスがヒスパニア全域を三属州に分けました（地図1-1）。それをディオクレティアヌスは改めて整理し、五属州体制にしたのです。各州はさらに、それぞれ数個の管区に区分されました。

地図 1-1　アウグストゥス帝時代のヒスパニアの3属州

ヒスパニアは、やがてローマ帝国のなかでもっとも先進的な属州になっていきます。そして皇帝になる前にヒスパニアの統治者となる例も多く、ローマでは「イベリア半島を征服・占領する者が重きをなす」と考えられるようになりました。

都市の復興と鉱山開発

ローマはイベリア半島を属州にするや、イタリア半島と同様な文明世界に変えようとしました。そのため、まずはそれぞれの地域の中核となる「都市」建設に取り組みました。退役兵を植民して都市をつくり、属州の統治を、都市を拠点に進めていったのです。こうした植民市以外に、先住民の一部にローマ市民権を付与し、彼らの住む都市に自治の資格を与えるケースもありました。

たとえば紀元前二五年に建設されたエメリタ・アウグスタ（現在のエストレマドゥーラ地方のメリダ）はヒスパニア・ルシタニア州の州都に、前一四年に建設されたアストゥリカ・アウグスタ（現在のレオン地方のアストルガ）もこの地の枢要《すうよう》な行政センターになりました。

さらに同年建設のカエサル・アウグスタ（現在のアラゴン地方のサラゴサ）も同様な中心地となり、翌年建設のルクス・アウグスティ（現在のガリシア地方のルゴ）は、イベリア半島北西部のガラエキアでもっとも重きをなすローマ都市でした。エメリタ・アウグスタ、タラコ（現タラゴナ）、ヒスパリス（現セビーリャ）、コルドゥバ（現コルドバ）などは人口一〇万人超えの大都市で、ほかにも一〇万人近い住民がくらす大都市がいくつもあり、繁栄ぶりがうかがわれます。

都市は人が集まり、商業や物づくりを担《にな》う多様な職業の者たちが生活する場所ですが、ローマの都市づくりでは、フォルム(中心広場)を中心に、碁盤目状《ごばんめじょう》に街路をのばしていきました。フォルムには神殿や議場、ほかの開けた場所には円形闘技場や公衆浴場などの施設を設置し、また生活・通商の利便のための水道橋や橋――ヒスパニアでは大規模なもののみで三〇もありました――や防備のための市壁の建設、さらには外部へつながる街道の整備などを行いました(図1-3)。

1-3　セゴビアに残るローマの水道橋

カエサル、アウグストゥスらが開いたローマ街道は縦横《じゅうおう》にのびていきました。なかでもアウグスタ街道は、イベリア半島南端のカディスからグアダルキビル川に沿って走り、地中海岸にいたって北上し、南フランスのナルボンヌでドミティア街道とつながります。

ヒスパニアではほかのローマ属州に先駆けて自治都市が発展していったようです。ローマ法による民事裁判、都市参事会や行政官の任命など、ローマ式制度での統治がなされました。

また、イベリア半島ではローマ時代から鉱山開発がさかんでした。六〇ほどの鉱山で金、銀、銅、鉛《なまり》、鉄、亜鉛《あえん》、錫、水銀(辰砂《しんしゃ》)が掘られました。しかし多くの鉱山がローマ皇帝領とされたために、ヒスパニアに大きな利益は望めませんでした。

もちろん農業も行われました。先住の族長らはローマに帰順すると、保護されて大領地を有する地主となりました。よそからやって来た官吏《かんり》らも致富《ちふ》に努め、農地を獲得していきました。彼らがこの地域の指導層です。小麦などの穀類、オリーブ油、ワインなどが東部・南部を中心に温暖な気候を利用して生産され、あまった生産物は輸出に回されました。またヒスパニアのガルム(魚醬《ぎょしょう》)がローマのグルメ垂涎《すいぜん》の的《まと》として珍重されましたし、ほかの海産物も塩づけにして輸出されました。牧畜については、ガリシアやカンタブリアの沿岸でとくにさかんでした。

ほぼ六世紀間ローマが支配し、その後西ゴート、そしてイスラーム勢力にとってかわられますが、ローマ的な要素は、西ゴートはもちろんイスラームによっても否定されることなく、むしろ咀嚼《そしゃく》され模倣されて、時代に適合する形に進化していったと考えられます。これは、農業や都市づくりなどにとどまらず、次項以下で述べる文化的要素でもそうでした。

言語・宗教の統一

イベリア半島の歴史において、ローマ的な要素は——ヨーロッパ全体に当てはまるでしょうが——中世を経て近代にまで抜きがたい影響をおよぼしており、ローマの支配下に入ってはじめて、イベリア人、ケルト人ら諸部族が割拠《かっきょ》していた時代にはなかった文化的・制度的な統一体ができたことは、まちがいありません。主要なローマの文化的貢献を見てみましょう。

まずは言語です。すなわちラテン語が公的な言語として広まったことが重要です。イベリア半島の言語、なかでもカスティーリャ語は——イタリア語とともに——ラテン語の直系の俗語として徐々にできあがっていき、日常のコミュニケーションや思考の道具になりました。ですから、一三世紀以降のカスティーリャ人はローマ人が創りあげた概念で思考するようになる、という言明もあながち誤りではないでしょう。

第二には、もちろんキリスト教です。一世紀からローマに伝わったキリスト教は、弾圧されながらも帝国各地に広まり、三一三年に公認されます。スペイン(イベリア半島)は、ローマ時代末期から、ほかのどの国・地域にもましてキリスト教擁護の国として名を挙げました。四世紀の最初期の公会議《こうかいぎ》(司教などの教会代表者が集まって教義・信仰生活などを協議する会議)がエルビラ(現グラナダ)、サラゴサ、トレドで開催され、西ゴート時代にもひきつづき公会議がスペイン(トレド)で集中的に開催されるのは意味深いことです。

第三には、ローマ法を挙げねばならないと思います。すでにアウグストゥス帝時代より、一〇〇以上のヒスパニア都市(人口あわせて約三〇万人近く)がローマ法の適用を受けました。また一世紀後半のウェスパシアヌス帝時代には、現地人のうち有力な者たちにもローマ市民権が与えられ、彼らが新たな支配者になっていきます。ローマ法は、つぎの西ゴート、いや中世以降にまで立法の中心となり、司法制度もそれにもとづいて構築されていきました。

猛烈な気性

最後に、イベリア半島住民の死を恐れない態度がローマ時代から知られていることも、ここで紹介しておきましょう。

古代ローマの歴史家リウィウスは『ローマ史』のなかで、エブロ川北岸のイベリア人たちが敵に攻められ武器を放棄するよう強要されたとき、猛烈な気性を表して、武器なしの人生など無意味だと自殺したことを記しています。ガリア人のポンペイウス・トログスも『ピリッポス史』第四四巻で、ヒスパニアの民が「死に対して準備のできた魂《たましい》」を有していると評しています。さらに『博物誌』で有名なローマの学者プリニウスは、ヒスパニア・タラコネンシスの皇帝属吏(プロクラトル)を務めていましたが、イベリア半島の人びとについて、仕事への熱意、頑強な身体とともに情熱的気質を称賛しています。

これはおそらく一〜二世紀に広まった、厳しい克己心《こっきしん》と現世の生への無関心、運命の甘受《かんじゅ》などを特徴とするローマのストア派(ストア派の代表的哲人セネカはスペインのコルドバ生まれです)の哲学が、上述したようなイベリア半島の自然・風土と化学反応をおこし、住民の心に沈殿《ちんでん》していったためではないでしょうか。

古代ヒスパニアの民が、いつでも生を死ととりかえる準備ができており、情けない生よりも死後の名誉ある生を信じている情熱的な人たちだったとすれば、それは中世・近代スペイン人の姿と重なります。

西ゴート時代とその遺産

五賢帝《ごけんてい》時代(九六～一八〇年)の末期からかげりを見せていたローマ帝国は、三世紀にはつぎつぎに外敵の侵入を受けます。

ヒスパニアも、二六四～二七六年にゲルマン民族の一派であるフランク族がピレネー山脈を越えてカタルーニャに侵入し、破壊されてしまいました。一方、南ではアフリカからモーロ人(マグリブ地方を中心とするアラブ・ベルベル系住民)がアンダルシア地方を侵しました。

その後ローマ的な秩序は徐々に回復しますが、都市は衰退《すいたい》を余儀《よぎ》なくされ、国(属州)全体としてもますます農村化してしまいます。

さらにゲルマン民族侵入の第二波として、五世紀初頭に遊牧民がピレネー山脈を越えて来ます。そのうちスエビ族は北西部のガラエキアに、アラン族は西部ルシタニアに、ヴァンダル族はガラエキアと南部のバエティカに分かれて定着し、ローマの「同盟者」として土地を与えられて帝国防衛の任に当たります。

そのようななか、四一五年以降イベリア半島に展開していった西ゴート族は、ゲルマン諸族の多くを追いだして四一八年に建国、半島は残ったスエビ族と西ゴート族の争いの場となりました。後者のエウリック王(在位四六六～四八四年)が、最北西端(スエビ王国)をのぞいて半島を押さえ、ローマ皇帝ゼノンに認められました(四七七年)。

都市の衰退と農村化傾向は阻止できなかったものの、もともとトゥールーズ(現在のフランス南西部の都市)に拠点をおいてローマと同盟を結んだ西ゴート王国は、ローマ文明に敬意を表し、その栄光を取りもどそうと精一杯努めました。

そのための道具になったのが「法典」編纂《へんさん》でした。ラテン人とゴート人の差をなくし平等に扱う法典を、次々バージョンアップして作成しました。五世紀後半にはエウリック王のもと、土地所有権・主従関係などを定めた「エウリック法典」が成文法として編纂され、王国内のゲルマン系住民に適用されましたが、アラリック二世時代の五〇六年には、ローマ系住民に適用される「アラリック法典」がローマ法を縮約して登場しました。

その後何度も法律は改定され、六五四年レケスウィント王(在位六五三〜六七二年)下での「リベル法典(西ゴート法典)」では、東ローマ帝国のユスティニアヌス法典の影響を受け、両民族に共通する法が定められました。

そこには法の運用・訴訟《そしょう》手続き、民法・刑法、異教徒に関する法、奴隷《どれい》・解放奴隷に関する法などが含まれ、その後もたびたび改定されていきました。この伝統は七一一年の西ゴート王国滅亡《めつぼう》後も受けつがれ、「フエロ・フスゴ」とよばれ中世末まで継続しました。

西ゴート時代のキリスト教は、世俗政治の進展にも力をそえました。それはおもに、公会議を開催することによってでした。四〇〇年に第一回トレド公会議が召集され、レカレド王時代、五八九年の第三回トレド公会議では、王国全体が異端のアリウス派からカトリックに改宗するという大転換をはたして、王国と教会両者のきずながなお強化されました。

つづく第四回トレド公会議では教会の統合が宣言され、王国全体が――ゴート系もラテン系も――同一の典礼《てんれい》、賛美歌《さんびか》、戒律《かいりつ》を守ることになりました。

西ゴート時代には、じつに一六回の公会議がトレドで開催され、それは次第に世俗の事案を審議する王国会議の性格を強めていきました。

地図 1-2　6 世紀前半のイベリア半島

六世紀の西ゴート王国は、圧倒的多数のローマ系住民（約四〇〇〜六〇〇万人）をゴート人が少数（約二〇万人）の支配者として治めていました（地図1-2）。西ゴートの有力者つまり貴族は三〇〇家族程度であり、大土地を所有し、王国内の高い地位を享受していました。七世紀後半からは高位聖職にもゴート人がつくようになります。

しかし政治は不安定で、代々の王が暗殺ないし廃位される事態がつづきます。東ローマ軍の侵入とアンダルシアの割譲《かつじょう》（五五四年）のほか、半島各地で反乱が多発しましたが、それを押し返したのがレオヴィギルド王（在位五六八〜五八六年）でした。この王は強権発動をして敵対者を粛清《しゅくせい》し、首都をトレドと定めて、王の権威を高めるべく王衣や玉座を調達したり、自らの肖像を彫った貨幣《かへい》を鋳造《ちゅうぞう》したりしました。

西ゴートは教会とタイアップしましたが、その神聖王国としての性格を明瞭《めいりょう》に主張するために、反ユダヤ人立法を相次《あいつ》いで成立させたことは、ときにスペイン史をけがす暗い要素として語られます。

実際、五八九年の第三回トレド公会議以来、公会議ではくり返し反ユダヤ人規定がはかられ、七世紀末にかけて強制改宗や罰としての財産没収、一〇〇回のむち打ちの刑、官職保有・法廷での証言禁止などが定められました。六九四年のエギカ王によって召集された第一七回トレド公会議では「イスパニアでは全ユダヤ人を、永久に奴隷とする」とされたのです。

七世紀の西ゴートでは党派争い、貴族の陰謀《いんぼう》、小作人《こさくにん》の凋落《ちょうらく》、地方の反乱などが頻発し、七一〇年にウィティザ王が死去すると、王位継承でもめているところを見こして、アフリカのベルベル人のイスラーム勢力がジブラルタル海峡を渡ってやって来ました。彼らはたちまち半島全体を席巻《せっけん》し、七一一年、もろくも西ゴート王国は滅亡してしまいます。

大知識人セビーリャのイシドルス

西ゴート時代のスペインに、古代文明の精華《せいか》を伝えた偉大な学者が生まれました。ギリシャ・ローマの知の「保存庫」としての厖大《ぼうだい》な知識をつめこんだ『語源《ごげん》』を編んだ、セビーリャのイシドルス（五六〇／五七〇～六三六年）です（本章扉絵）。

イシドルスはスペイン南東部ムルシア地方のカルタヘナの有力家系に生まれ、西ゴート王国の主要都市セビーリャの大司教を六〇一年から六三六年まで務めました。在任中にはセビーリャの司教座学校をつくり、聖職者の養成に力をつくしました。そしてアーリア派が大半であった西ゴート族を正統教義（アタナシウス派＝カトリック）に改宗させるのにも力がありました。

大司教としての彼は、西ゴート王国のカトリック信仰をゆるぎないものにし、その文化を古代ローマ帝国に近づけたいと願っていました。イシドルスは充実したセビーリャ図書館を利用し多数の写字生《しゃじせい》を使いながら、厖大な知の集積を行い、教会に堅固な知的基礎を与えました。

彼が残した著作は数多く、聖書や神学に関するものから歴史、宇宙論、文法などを主題とするものまでさまざまですが、総合的な大著が全二〇巻の『語源』です。四四八章に分けられ、おびただしい語の「語源」の分析をしており、各々のモノの起源と目的を解明する作業を通じて、失われつつあった古代文化をなんとか生きのびさせようとしたのです。

本書は、独創性はあまり感じられず、アナクロニズムと発音の類似によるこじつけの積み重ねであるとの批判も可能でしょうが、ギリシャ・ローマの知識を総合した大著として中世の知識人に絶大な影響をおよぼしたことは、まぎれもない事実です。そこで彼は、「最後の古代教師」とも称されます。

第２章

国土回復運動の時代

――8世紀～15世紀――

聖母マリアの奇跡により改宗するユダヤ人

西ゴート王国がイスラーム勢力のために滅亡《めつぼう》してから、イベリア半島では本格的に将来のスペイン史を養うことになる諸要素が出そろってきました。すなわち熱意あふれるキリスト教の拡張運動のほかに、それと表面上対抗しつづけたイスラーム文明、およびユダヤの文化です。これらは異文化交流の一方、政治的・社会的には宥和《ゆうわ》の試み以上に対立の様相を見せました。

イスラーム時代のスペイン

ローマ化を独自に進めながら三世紀にわたってイベリア半島を治めてきた西ゴート王国は、七一一年、突如崩壊してしまいます。

というのも、六三〇年から開始したアラビア半島のアラブ人による東西への強力な版図《はんと》拡張策の一環として、北アフリカのイフリーキヤ（チュニジアを中心とした地方）総督《そうとく》ムーサー・ブン・ヌサイルによって、ベルベル人庇護民《ひごみん》（マウラー）のターリク・ブン・ジヤードという将軍がイベリア半島に派遣されたからです。彼は精鋭部隊七〇〇〇人を引き連れてジブラルタル海峡を越え上陸、カディス近くで西ゴートのロドリーゴ王の軍隊をたたきのめしたのです。戦意を喪失《そうしつ》した諸侯は、つぎつぎ降伏していきました。

ターリクを派遣した総督ムーサーは、この圧勝に力を得て、自らもアラブ人を主力とする一万八〇〇〇の兵を率いて半島に侵攻し、セビーリャ、メリダなどを攻略、その後ターリクと分担してグラナダ、リスボン、サラゴサ、バルセロナ、タラゴナなど主要都市を押さえ、三年もたたないうちにイベリア半島全域の主要都市を勢力下におきました。

ここに成立したイベリア半島のイスラーム領は、カリフ（マホメットの後継者の意で、イスラーム社会の最高指導者）領内のアミール（総督）領との位置づけで「アル・アンダルス」とよばれました。住民の大多数は西ゴート系のモサラベ（イスラーム支配下のキリスト教徒）とムワッラド（イスラームへの改宗者）で、前者は人頭税《じんとうぜい》（ジズヤ）の支払いと引きかえに自治と信仰の自由が認められました。しかし支配層のなかの一にぎりのアラブ人とその何倍ものベルベル人の対立、北アラブ族と南アラブ族の敵対、アラブ人とシリア人の反目などがあり、領内はしばしば混乱していました。

そうしたなか、地中海東部のイスラーム世界は風雲急《ふううんきゅう》を告げ、アッバース家のアブー・ムス

地図 2-1　9 世紀初頭イスラーム時代のスペイン

リムが蜂起《ほうき》して七五〇年にダマスカスを落とし、イスラーム史上初の世襲王朝、ウマイヤ朝のカリフであったマルワーン二世をエジプトに敗死させます。こうしてウマイヤ朝はほろび、アッバース朝があとをつぎます。

ところが、ウマイヤ朝出身のアブド・アッラフマーン一世（在位七五六～七八八年）はベルベル人にかくまわれながら長途《ちょうと》スペインに逃れて、アル・アンダルス総督を破り、数年たたぬうちにコルドバに独立首長国を建設します。この新しいウマイヤ朝を、後に「後ウマイヤ朝」とよぶようになりました（地図2-1）。

第八代のアミール（総督）になったアブド・アッラフマーン三世（在位九一二～九六一年）は、九二九年、ついに「カリフ」を名乗り、衰退しつつあった東方のアッバース朝に対抗します。この王は多発していたムワッラド貴族の反乱を鎮定《ちんてい》し、アラブ人・ベルベル人・ムワッラドの——アンダルス人としての——統合を成しとげました。

この王朝の支配住民は、大多数がベルベル人でした。そしてせまいジブラルタル海峡の向こうに広大に広がるアフリカ(マグリブ)のベルベル人たちとも一体となって協働しながら、行財政機構の整備、半島の未征服地への軍事遠征をくり広げていきました。しかし半島北西部のみは支配しきれず、そこにアストゥリアス王国が残ったのです。後段で述べるように、この小さな王国がキリスト教勢力によるレコンキスタ(国土回復運動)の起点になりました。

後ウマイヤ朝の支配は、最初は寛容《かんよう》で、キリスト教徒やユダヤ人もズィンミーすなわち「啓《けい》典《てん》の民《たみ》」——イスラーム教徒同様に、唯一神から示された啓示を記した文書をもつ民——としてその信仰を許され、公職にもついていました。

ところがイスラーム化の進行とともに、この寛容な体制は徐々に変質していきます。すなわち九世紀以降にはモサラベの数がへり、イスラーム教への改宗者(ムワッラド)が続出しますが、彼らはもともとのイスラーム教徒からは差別されました。またキリスト教徒たちが次第に高まる改宗圧力と手ひどい弾圧に抗して、自ら進んで預言者《よげんしゃ》マホメット(ムハンマド)やイスラーム信仰をおとしめる言葉をはき散らして殉教《じゅんきょう》する「殉教運動」もおきました。

次項で見るように、後ウマイヤ朝ではきわめて進んだ文化が展開したのですが、紀元一〇〇〇年をすぎると、アル・アンダルスの繁栄はかげりを帯びていきます。

ヒシャーム二世(在位九七六〜一〇〇九、一〇一〇〜一三年)時代に、数十回のキリスト教勢力に対する軍事遠征で大きな成果を収めて実権をにぎった宰相アル・マンスール(九三八〜一〇〇二年)やその息子たちは、カリフを傀儡《かいらい》化します。

そしてアル・マンスールの出身階層たる下級貴族とウマイヤ家などアラブ人の伝統的貴族層との対立が深まるなか、民族対立や地方の反乱が堰《せき》を切ったようにおこり、カリフ制も廃止されて、一〇三一年にはとうとうコルドバが新来のベルベル人に侵略されてしまいます。後ウマイヤ朝はほろび、アル・アンダルスの政治的な統一と文化の繁栄は消滅してしまいました。

後ウマイヤ朝時代の文化

後ウマイヤ朝時代には、諸文化交流の果実として、イベリア半島に輝かしい独特の文化が栄えました。とりわけ首都とされたコルドバでは、アブド・アッラフマーン三世とハカム二世(在位九六一〜九七六年)の下で、東方イスラーム世界とアンダルシア独自の文化的伝統が交流し混淆《こんこう》して、著しい文化的隆盛がありました。

モーロ人の故地からは、それまでヨーロッパになかった物産——米、サトウキビ、オレンジ、イチジク、綿花《めんか》など——が到来しました。イスラームの技術による農地灌漑《かんがい》や鉱山開発、織物、陶器、武器、ガラス、紙、皮革《ひかく》などの産業も都市部におこり、地中海を通じたイスラーム国同士の交易がさかんになりました。王宮や離宮の見事な噴水や泉、イトスギ、ハイビスカス、ブーゲンビリアなどの派手な花卉《かき》は、明るくはなやかな文化を象徴しています。

コルドバには六〇〇のモスク、アル・アンダルスには大小あわせて四〇〇〇近くものモスクがあったとされます。コルドバのメスキータ(モスク)はイスラーム建築の最大のモニュメントのひとつです(口絵7~8)。このメスキータは七八六年、後ウマイヤ朝のアブド・アッラフマーン一世が建設を始め、その後継者たちにより三度拡張されました。二万三〇〇〇平方メートル、メッカのモスクにつぐ大きさです。一九の身廊《しんろう》と八五〇本以上の大理石《だいりせき》製の円柱があり、雑多な様式の柱頭かざりがついています。その上には交互に重ねられた煉瓦《れんが》と白石の二重馬蹄《ばてい》形アーチが、空中を舞いおどるように軽やかに連続しています。

ビザンツの芸術家によって造られたミフラーブ(モスク奥の壁中央部の壁龕《へきがん》)周辺のドームは、窓からの光に反射して壮麗《そうれい》に輝くモザイクでかざられています。このモスクはカスティーリャのフェルナンド三世によるレコンキスタ(後述)の後、一三世紀に司教座聖堂になりました。

相互に支持しあう馬蹄形アーチの連続などを特徴とする、イスラーム的要素とキリスト教的要素の融合した建築様式を「ムデハル建築」とよびます(図2-1)。多くの教会のほか、何万も

2-1　テルエルのサン・サルバドル教会の塔

の貴族の邸宅もこの様式で建てられ、コルドバ以外に、セビーリャ、グラナダ、バレンシアなどにも同種のアーチをもつあざやかな色彩のタイルがはられた建築物が、粋《いき》に建ちならんでいたのです。

モスクは宗教に加え、知的・芸術的センターにもなりました。コルドバの大学では宗教のいかんを問わず、何千という学生に、世界最先端の医学・法律・文学・数学などが教授されました。マーリク派とよばれる法学者集団の法令研究がもっとも栄えましたが、自然科学のレベル向上も相当のものでした。アラビア語に訳されてスペインに持ちこまれたギリシャ哲学は、当地のユダヤ人やイスラーム教徒がラテン語に訳しました。

もうひとつ、図書館もそれまでのヨーロッパではまったく見られないような巨大なものが造られました。コルドバには七つの図書館があって、四〇万巻もの蔵書を誇りました。大半はアラビア語の言語や宗教関連の書籍でしたが、古代ギリシャ語作品もありました。

文学の面でもきわめて瞠目《どうもく》すべき革新がありました。修辞的技巧をこらした恋歌、自然描写の歌が多数作られるなか、「かざり輪の歌（ムワッシャフ）」とよばれる新たなジャンルが創造されたのです。それは従来の頌詩《しょうし》ジャンルをもとに、その古典アラビア語の規範をくずして複雑・緻密な韻律《いんりつ》宇宙をつくりあげた作品の数々です。

モサラベ（イスラーム支配下のキリスト教徒）は、言語や文化の面では次第にイスラーム教徒と共通になっていきます。こうしたアラビア語を使い、アラブの芸術学問を愛していた者たちの存在が、イスラーム文化とキリスト教文化の交流を促進したのです。

レコンキスタ（国土回復運動）の進展

つぎに、キリスト教勢力の動向に目を向けましょう。

イベリア半島北方に追いやられたキリスト教勢力は、イスラーム勢力の繁栄をいつまでも座視していたわけではありません。早い時点で反攻に出て、七二二年にコバドンガでキリスト教勢力は勝利します。半島北西部、先に挙げたアストゥリアスとレオンが先陣を切りました。それにつづいてナバラ、そしてカスティーリャが中心的な推進者になります。

この時代からおよそ八〇〇年にわたって展開された、イスラーム教徒の手からイベリア半島全体を奪還《だっかん》する征服戦争をレコンキスタ（国土回復運動／再征服運動）とよびます。

アストゥリアスは、西ゴート王国最後の王ロドリーゴの遺臣《いしん》ペラーヨ(在位七一八~七三七年)を王に戴《いただ》いてイスラームに対抗し、アル・アンダルスの内紛に乗じて第三代のアルフォンソ一世(在位七三九~七五七年)が失地を挽回《ばんかい》、そこにいたモサラベたちを臣民にしました。こうしてレオンの南とナバラおよびアラゴンの高地渓谷に、キリスト教勢力の独立拠点が組織化されていったのです。八世紀後半にはガリシア地方を併合し、その住民を主体にアル・アンダルス西部、そしてドゥエロ川へ進軍していきました。

その後、アルフォンソ三世(在位八六六~九一〇年)が南下・拡張政策を進め、ドゥエロ川、エブロ川をはさんでイスラーム勢力と対峙《たいじ》します。そしてこのあたりに多くのキリスト教徒(大半はモサラベ)が植民し、要塞《ようさい》も多数つくられました。

九一〇年、ガルシア一世(在位九一〇~九一四年)の統治下で、アストゥリアスの首都が山間部のオビエドから平野部のレオンに移りレオン王国となります。これがレコンキスタの第一の拠点です。ガリシア国王になっていたガルシア一世の弟オルドーニョ二世(在位九一四~九二四年)が、九一四年、レオン王位につきました。

一方、八五二年よりイベリア半島北東部、ピレネーのふもとに成立したナバラ王国は、サンチョ三世(在位一〇〇四~三五年)の時代に大発展して、レコンキスタにも主導力を発揮します。

ナバラはアラゴン伯領《はくりょう》とカスティーリャ伯領を接収してピレネー一帯の宗主権《そうしゅけん》をにぎり、レオン王国を保護下におきました。

　ところがサンチョ三世が亡《な》くなるとナバラは三分裂し、息子（次男）のフェルナンド一世（在位一〇三五～六五年）がカスティーリャ王国の、庶子《しょし》のラミーロ一世がアラゴン王国――アラゴンとカタルーニャが結びついてアラゴン王国（一〇三五年）となりました――の初代王となり、長男のガルシア三世（在位一〇一二頃～五四年）がナバラ王国を継承しました。

　カスティーリャやエストレマドゥーラ周辺には、無主地《むしゅち》・荒蕪地《こうぶち》が広がっており、自由と特権にひかれて来たバスク人やカンタブリア人がおもに再植民し、有利な条件を享受する自由農民が多数生まれました。上層農民は伯から直接封土《ほうど》を受け、免税特権をもついわゆる「民衆騎士」になることもできました。

　ここはもともとレオン王国の東部周縁部でブルゴスを中心に伯領の集合体ができていた地域ですが、レオン王から全カスティーリャの伯に任命されたフェルナン・ゴンサレス（在位九三二～九七〇年）は、レオン王国やナバラ王国に対してたくみに立ちまわり、義兄弟のレオン国王ラミーロ二世の許可を得て独立しました。その後、紆余曲折《うよきょくせつ》の果てに、当伯領はナバラ王サンチョ三世の領土となり、上述のように次男のフェルナンド一世がついで王を称します。

フェルナンド一世は、カスティーリャに加えてナバラ王が支配していたレオン王国をも手に入れました。一〇三七年、強大なるカスティーリャ＝レオン王国が誕生し、レコンキスタを力強く推進していきます。

息子のアルフォンソ六世（在位一〇六五〜一一〇九年）は兄弟間の争い後、分裂していたカスティーリャ・レオン・ガリシアを継承、アラゴンおよびナバラを臣従させ、一〇八五年には軍事上の要害だったトレドをイスラーム勢力から奪い返します。こうしてドゥエロ河畔《かはん》からタホ川流域までがキリスト教の勢力下に入りました。そして属域とよばれる都市裁判権に服する周辺農村部をしたがえた中央台地（メセタ）の自治都市が、いくつもできていきました（地図2-2）。

アルフォンソ六世、次代のアルフォンソ七世ともに寛容な政策を実施したため、キリスト教徒、ユダヤ人、イスラーム教徒三者は、商業面でも文化面でも交流して共存し、こうした交流によりトレドは文化・学問の中心になりました。とりわけトレドに七万人以上もいたとされるユダヤ人の功績は大きく、その共同体には特権と自治が認められ、政治や学問、専門職で厚遇されて社会生活や都市整備にリーダーシップを発揮しました。

一一五七年、カスティーリャ＝レオン王国は分裂してしまいますが、一二三〇年にカスティーリャ王の娘とレオン王の間に生まれたフェルナンド三世が両国の王位を継承することによっ

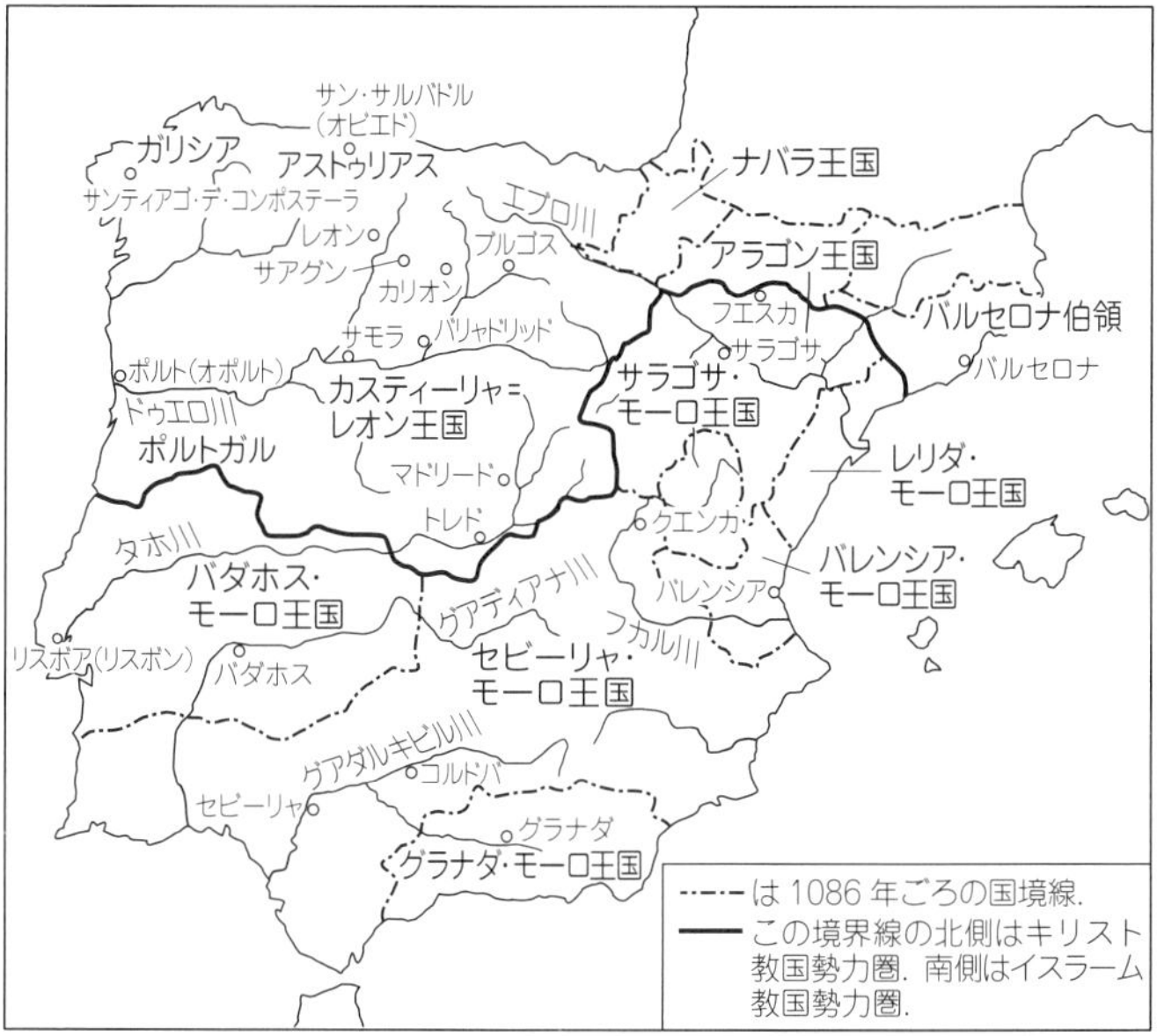

地図 2-2　第 1 次タイファ時代のイベリア半島（『エル・シードの歌』長南実訳，岩波文庫，1998 年より改変）

て、再び同君連合となり——それ以後は分かれることはありません——新たなカスティーリャ王国が誕生しました。

　レコンキスタの第二の発祥源は、ピレネー東部地域とエブロ川の間の地域に相当し、フランスと接する地中海沿岸地方の「スペイン辺境領《へんきょうりょう》」です。ここはいわばフランク王国とイスラーム勢力との軍事緩衝《かんしょう》地帯で、フランク王国国王だったカール大帝と息子のルイ敬虔王《けいけんおう》が七九五〜八一一年に苦労して設置したものです。カール大帝は無主地・荒蕪地に入植する農民を優遇して特権を与え、小さな自有地《じゆうち》を得た農民が自由農民として当地の伯の権力を支えました。

一〇世紀に入りフランク王権が弱体化するにつれ、バルセロナ伯を中心とするカタルーニャ諸伯が自律性を高めていきます。一〇一〇年にはコルドバのイスラーム勢力に対する遠征《えんせい》にこの地域のほぼすべての伯や司教が参加し、レコンキスタの波はここにもおよんできました。

おなじく一一世紀には、もともとハカ周辺の伯領だったアラゴンもピレネー山脈西部のレコンキスタへの参加協力の功績が認められて、王国に昇進します。

アラゴンとナバラが連合(一〇七六〜一一三四年)し、一一三七年にはバルセロナ伯ラモン・ベレンゲール四世とアラゴンの王女が婚姻《こんいん》して「アラゴン連合王国」が成立することで、カタルーニャ公国はフランスから自立します。それどころかアルフォンソ二世(在位一一六二〜九六年)時代には、南フランスの大半がアラゴン連合王国の傘下《さんか》に入ったのです。

現在のポルトガルにあたる地域はどうでしょうか。そこはもともとカスティーリャがレコンキスタを進めていった地域の延長線上にあった地域ですが、一〇九六年、ブルゴーニュ出身の騎士エンリケがカスティーリャのアルフォンソ六世からポルトゥカーレ(ドウロ川〔ドゥエロ川〕以北の地)伯領を受領し、南部のコインブラ伯領とともに治めていました。

その息子のアフォンソ・エンリケスはムラービト朝を撃破した後カスティーリャ王と戦を交

えますが、ローマ教皇の仲介もあって一一四三年に独立してポルトガル王国になったのです。

その後ポルトガルは自らもレコンキスタをおし進め、イギリス軍やテンプル騎士団の助力をあおぎながらテージョ川(タホ川)を越えて版図を広げていきました。一二九七年にはカスティーリャとの国境確定が成ります。しかし後述のように、一五八〇年にはスペイン王フェリペ二世により併合され、同君連合となります。再び「独立」するのは一六四〇年のことです。

封建《ほうけん》制度の浸透度

以上、やや単純化して説明しましたが、中世のスペインの国家体制の歴史には、イスラームとキリスト教諸王国の対立があるだけでなく、キリスト教諸王国が複雑に分立し、吸収合併したり、再び分割相続したり、連合王国になったり、地中海の彼方《かなた》にまで領土を広げたりするので、かなり複雑です。

いずれにせよ、八世紀以降のイベリア半島北部においては、キリスト教勢力はいくつかの「王国」に分かれつつも協力しあい、分担してレコンキスタを推進することになります。上述の辺境領、カタルーニャ諸伯領以外では、いずれも山岳地帯(ガリシア、カンタブリア、アストゥリアスなど)が拠点でした。

イスラーム勢力は攻めこまれながらもキリスト教側の南進を防いで押しとどめ、一二世紀には総反撃にでます。こうしておたがいの聖戦観念が大きく開花します。そのなかで、スペイン人を特徴づける、戦闘欲、冒険心、名誉感情も燃えあがったのでしょう。いわば情熱の坩堝《るつぼ》としてのレコンキスタです。

では、レコンキスタに目ざめたスペインのキリスト教諸国家は、どのような政治・社会体制だったのか、二点にしぼって見てみることにしましょう。「フエロ」と「封建制」です。

この地域についてヨーロッパ史上で特筆すべき点のひとつは、レオンとカスティーリャに一一世紀初頭から登場する初期フエロ（地方特別法）の存在です。フエロというのは、国王や貴族・司教らから特定の都市・町村に与えられる自治特権ですが、そこには森・山・湖や牧場の利用をめぐる住民の伝統的な権利・義務・慣習などの追認も含まれていました。

これはレコンキスタの過程で、征服地への植民・居住を促すために与えられ、以後一四世紀にかけて八〇〇近くも下付されました。まさにスペインに特徴的な多様にして柔軟な法・行政制度です。ただし統一的でないため、王の権威・権力を弱めてしまう副作用もありました。

つぎに、ヨーロッパの大部分において、八・九世紀から一三世紀くらいにかけては「封建制」が社会のもっとも基本的なしくみでした。それは簡単にいえば、土地などの「封《ほう》」の授受を媒介とする主従関係で、ローマ帝国末期の恩貸地《おんたいち》制度とゲルマン人の従士《じゅうし》制度の結合によりできたものです。そして家臣は主君に忠誠をちかって軍役奉仕《ぐんえきほうし》や助言の義務を負い、対して主君は家臣に封を与えるとともに、その家族を保護する義務がありました。

スペインでは、アラゴン連合王国(とくにカタルーニャ)はフランク王国カロリング朝に由来する法制の影響で、一一世紀半ばにはしっかりした封建制度が王から騎士(小貴族)にいたるまで根付いてはいたのですが、家臣である貴族層は伯に対する人格的従属意識が希薄《きはく》で、封土は自有地と混同される傾向にありました。カスティーリャにおいては、より変則的でした。

カスティーリャには三種類の「封」がありました。第一は「所領」、すなわち都市や城、そして土地です。この通常の封のみ、軍役奉仕をともないます。第二は「金銭」で、王が自分の財産ないし所領を元に旧貴族(西ゴートにさかのぼる土地貴族)に与える下付金ないし年金でした。そして第三は「栄誉」で、伯領や侯領を授けました。第一の通常の封は、王、旧貴族、高位聖職者のみが、誰の家臣にもなっていない者に授与することができ、また第二・第三の種類のものはいつでも取り消すことができました。

カスティーリャでは、これらの「封」は父から息子へと伝えられ息子たちの間で分割される、という特徴がありました。さらにほかの地域と大きく違うのは、家臣はいつでも自由に主従関係を解消して別の主君を選ぶことができた点です。封建的主従関係はカスティーリャではつねに一時的なのであり、家臣の自由意思がきわめて尊重されていたのです。つまり、貴族はそれぞれの領地の小王ともいうべき存在で、その力・権利が大きかったということです。

これは、先に見た「フエロ」のありかたとともども、地方に拠点をおく貴族たちが長い間、地方政治を壟断《ろうだん》する遠い原因になったと考えてよいでしょう。

タイファ(群小諸王国)の乱立

一〇三一年、ヒシャーム三世を最後のカリフとして後ウマイヤ朝が滅亡《めつぼう》すると、タイファとよばれる二〇以上のイスラームの群小諸王国があちこちに出現して相互に対立します。

これらは従来首都コルドバと密接な関係をもっていた諸都市で、それらが「独立宣言」したものです(「第一次タイファ時代」)。アンダルス人(セビーリャ、トレド、サラゴサ王国)、新ベルベル人(グラナダ王国)、さらにサカーリバというスラブ人をはじめとするヨーロッパ人の奴隷たち(バレンシア王国)が、それぞれ国(モーロ王国)をつくりました。

タイファ間あるいはタイファ内では陰謀がめぐらされ、戦乱はたえませんでした。当然キリスト教勢力はこの分裂につけいって、南下を進めていきました。

もともとタイファ諸国の王やアミール(総督)は、キリスト教国諸王の敵というよりも持ちつ持たれつの同盟者で、パリアという軍事貢納金をキリスト教国におさめて保護されながら近隣諸王と戦っていました。しかし聖戦観念を強く抱くようになったキリスト教国側は、やがてどのタイファもおなじ穴のむじなとして敵視するようになりました。

タイファのなかではセビーリャの力がほかを圧《あっ》して、一時覇権《はけん》をにぎりました。ところが一一世紀末になるとキリスト教国との対峙《たいじ》が厳しさをまして劣勢がつづき、一〇八五年には上述のようにカスティーリャのアルフォンソ六世により、トレドが奪われてしまいます。

セビーリャ王ムータミドはじめ絶望した半島南部に割拠するタイファ諸王たちが、北アフリカのマグリブのムラービト朝に援助要請すると、その軍勢がタイファ諸国を防衛するために北アフリカからやって来ました。

ムラービト朝からムワッヒド朝へ

ムラービト朝のアミール、ユースフ・ブン・ターシュフィーン(在位一〇六一〜一一〇六年)は一〇八六年バダホス近傍《きんぼう》でアルフォンソ六世軍に壊滅的打撃を与え、一〇九一年にコルドバ、ついでもともと同盟者だったはずのタイファ諸国をつぎつぎ陥落《かんらく》させます。そしてアル・アンダルスにムラービト朝支配が敷かれ、マグリブ、サハラ砂漠の領土と一体化しました。

その後一二世紀初頭にかけて、イスラーム勢力がキリスト教勢力にたてつづけに勝利、トレド周辺のタホ川までがムラービト朝の版図に入りました。軍事力を提供したのは、ムラービト朝に帰順した、自らの小王国を失ったベルベル人諸部族たちでした。

ところが、一一三〇年代になるとカスティーリャ＝レオン王アルフォンソ七世が率いる大規模な遠征部隊の猛攻撃を受けて、イスラーム支配下のコルドバ、セビーリャが危機におちいります。アル・アンダルスにおいては支配者への反感も高まり、コルドバなどで反ムラービト暴動がおきました。

ズィンミー（啓典の民、イスラーム支配下で保護された非イスラーム教徒）であったユダヤ人やキリスト教徒は、分裂国家時代にも、コルドバなどでアラブ文化と混淆《こんこう》した学問・芸術をつくりあげていましたが、彼らもムラービト朝の圧政を厭《いと》いキリスト教諸国家へと流出してしまいます。

一二世紀半ばになるとこのムラービト朝も弱体化して、さらに群小国乱立の「第二次タイファ時代」（一一四七〜七〇年頃）を迎えます。

新来のベルベル人王朝のムワッヒド朝（一一三〇〜一二六九年）は、北アフリカからアル・アンダルスにも支配を広げるとともに、一一四七年、マラケシュを征服してムラービト朝をほろぼしました。ムワッヒド朝はまもなく大半の第二次タイファ諸王国を服従させ、一一七〇年代からは支配をかため、バレンシア王国を征服、また一一九五年にはカスティーリャ＝レオン王のアルフォンソ八世をアラルコスの戦いで破りました。神の唯一性を重視する厳格で原理主義的な王朝だったので、モサラベとの妥協を認めず、キリスト教徒を迫害します。

しかし一三世紀前半になるとベルベル人とアンダルス人（アラビア語を話しアラブ意識をもつアル・アンダルスのイスラーム教徒）の権力闘争が勃発《ぼっぱつ》して、ムワッヒド朝は内部分裂します。

一二一二年、後述のラス・ナバス・デ・トロサの戦いでキリスト教国諸王の援助を得たアルフォンソ八世がイスラーム軍に勝利するやアンダルス人の不満が爆発、反ムワッヒド運動が盛りあがりました。

一二二八年にはアル・アンダルスとマグリブ地方の関係が絶縁して、ムルシア王国、バレンシア王国、グラナダ王国などが群雄割拠《ぐんゆうかっきょ》する「第三次タイファ時代」（一二二八〜六九年）に突入します。一方キリスト教勢力のレコンキスタは着実に進み、コルドバ、バレンシア、セビーリャなどの大都市は次々陥落、イスラーム側で残ったのは、半島南端部のナスル朝グラナダ王国（一二三八〜一四九二年）のみでした。こうしてレコンキスタはほぼ成しとげられたわけです。

グラナダ王国の初代王ムハンマド一世（在位一二三二〜七三年）以下の王たちは、カスティーリャ王の封建家臣となって、助言・軍事援助・パリア(軍事貢納金)支払いなどの義務を果たし、あからさまな敵対を防ぐことで、その後二百数十年、このグラナダを中心にする王国のみがイスラーム国としてつづくことになりました。

トレドでの文化交流

ここでイベリア半島にありながら、全ヨーロッパ規模での文明・宗教的な重みをもつようになった二つの都市を取りあげてみましょう。トレドとサンティアゴ・デ・コンポステーラです。西ゴート王国がイスラーム勢力によって滅亡したあと、長くイスラームとキリスト教両勢力が緊張に満ちた対峙をし、一進一退をくり返しつつも一三世紀後半にはキリスト教諸国がレコンキスタをほぼ完成させたことは、今述べた通りです。そうした武力対立があるなかでも、信じられないほどの実り多い異文化交流がなされました。それは、ほかのどこよりもイベリア半島のほぼ中央にあるタホ川に沿うトレドが舞台でした(口絵24〜25)。

トレドは、中世においてはイベリア半島でもっとも重要な都市でした。まず六世紀半ばから西ゴート王国の首都として政治・文化の中心になり、ついで西ゴートが滅亡すると後ウマイヤ朝の支配下に入りますが、後ウマイヤ朝滅亡後の混乱のなかでも輝きを見せたのです。

すなわち第一次タイファ時代、とくに学術発展に熱意を示したのがトレドのタイファでした。王アル・マムーン(在位一〇七五～一一〇七年)は、図書館建設や古典書籍収集、学者招聘《しょうへい》などに努めました。後にキリスト教勢力の支配下に入ってこの町が翻訳センターになる基礎は、このアル・マムーンが築いたのです。

ついで一〇八五年アルフォンソ六世がトレドをとり返したあとも、文明交流はやまずに非常な盛況を呈しました。王は寛容な協定を結び、慣習で決められた税を支払えばイスラーム教徒もそのまま留まれましたし、メスキータ(モスク)も維持できたのです。

ほかにユダヤ人が四〇〇〇人ほどおり、後には啓典の民を認めないムワッヒド朝の迫害を逃れて、さらに多数のユダヤ人がトレドに移住してきました。

ユダヤ人も国王保護下に直属家臣になったり自治を許されたりしていました。アル・アンダルス世界をよく知りアラビア語にも通じている知的なユダヤ人は貴重な人材で、大使、医師、諮問官《しもんかん》、公証人、筆耕《ひっこう》などを務めました。彼らはネットワークを活用した商売も得意で、アル・アンダルスの奢侈品《しゃしひん》、珍品が新たな支配層に行き渡ったのは彼らのおかげです。

当時のトレドにはモサラベも数千人いた模様です。アルフォンソ王は各集団に別々のフエロ(入植特許状)を下賜《かし》するなど優遇、モサラベもカスティーリャ人と同等に扱われました。モサラベはイスラーム時代の言語・制度・生活を熟知していたので、ユダヤ人同様、貴重な存在でした。彼らも要職に任命されました。

アルフォンソ王自身、イスラーム文化に通暁《つうぎょう》し、その優秀さをよく理解していました。イスラーム教徒とキリスト教徒を唯一の「民族・国民」に融合する意志を強調するため、自分を「二つの宗教の皇帝」と宣言したそうです。さらにアルフォンソ六世は、ムデハル（キリスト教徒が再征服した地で残留を許されたイスラーム教徒）にも寛容でした。つまりアルフォンソ王時代のトレドでは、キリスト教徒ばかりか、ユダヤ人、イスラーム教徒も重用されたのです。

そして一二世紀になると、トレドはたんにスペインの都市というだけでなく、西洋の一大文化拠点となりました。というのも当市には万巻の書物を蔵する巨大図書館があり、また一種の「翻訳学派」が成立したからです。

それは大司教にもなったライムンドゥスを中心とするグループで、彼らはアラビア語になっていたギリシャ語文献のラテン語訳をおし進め、古典の哲学・科学文献をはじめてヨーロッパの学者たちが読めるようにしました。もちろんトレドに多数いた多言語を扱う優秀なモサラベやユダヤ人ないしコンベルソ（ユダヤ教からキリスト教への改宗者）が協力してくれました。

ピレネーの北の知識人でもこれに呼応する動きがありました。クリュニー修道院の第八代院長のペトルス・ウェネラビリスという人物の企図です。彼はイスラーム教徒を論駁《ろんばく》するために、まずは敵の考えをよく知らねばならないと確信して、コーランをはじめマホメット言行録、そのほかマホメットとその後継者たちの生涯についてのテクストなどを、この町にやって来た西欧の学者にラテン語訳させたのです。

こうした翻訳活動によって、プトレマイオス、ユークリッド、アリストテレス、アルキメデス、アポロニオス、ガレノスなどギリシャの医学、数学、論理学、哲学、錬金術《れんきんじゅつ》、天文学、占星術、宇宙論などがアラビア語経由で西欧に知られるようになりました。またアル・フワーリズミーの『天文表』『代数学』など偉大なアラビア人の著書も、ラテン語に訳されていきました。「一二世紀ルネサンス」のまさに中心地こそ、トレドだったのです。

巡礼地サンティアゴ・デ・コンポステーラ

中世スペインにおけるもうひとつの「国際都市」は、サンティアゴ・デ・コンポステーラというスペイン北西端ガリシア地方の町です。こちらはもっぱらキリスト教世界にとって重要です。つまりこの町は、一二世紀に世界的な巡礼地になったのです。

一二使徒の一人ヤコブは、一世紀に福音《ふくいん》を説きにヒスパニアにやって来たのですが、エルサレムへの帰還後、ヘロデ・アグリッパ一世の命令で捕らえられ殉教してしまいました。その遺体は仲間により天使に導かれた船で運ばれ、ガリシアの海岸に漂着したといいます。しかし墓の場所は、その後わからなくなってしまいました。

九世紀のある日、ペラーヨという隠者《いんじゃ》がヤコブの墓の場所の啓示を得ました。知らせを受けたイリア司教テオドミロが三日の徹夜と祈りを行うことを決め、発掘を命じました。すると聖人の遺体が見つかったのです(口絵20)。その場所には王アルフォンソ二世の命で聖堂が建てられ、その後一〇七五年に現在もある大聖堂の建設が始まりました。ヤコブの聖遺物は、アストゥリアス王家とガリシア地方に威信を与えるとともに、一一・一二世紀には、宗教的熱誠《ねっせい》の高まりによって、ヨーロッパ中から巡礼者が集まるようになりました。

フランスとスペインを結ぶこの巡礼ルートは、フランス国内ではトゥールの道、リモージュの道、ル・ピュイの道、トゥールーズの道という、それぞれ霊験《れいげん》あらたかな聖遺物を蔵する聖堂のある町を結んだ四本の道がピレネー山脈に向かい、ピレネーを越えると、ハカないしパンプローナ→プエンテ・ラ・レイナ→ブルゴス→サアグン→レオン→アストルガ→ポンフェラーダと経て、イベリア半島北部を東から西へと横断するようにしてサンティアゴに到着します。

スペインでは、レコンキスタの活発化とあわせて、戦士の守護聖人としての聖ヤコブ崇敬が広がっていったのですが、一一世紀前半くらいまでは、イスラーム領主の存在（九九七年にはサンティアゴを破壊したアル・マンスールの攻撃もありました）のために巡礼路は危険でしたし、オオカミや盗賊の難もありました。しかし一一世紀後半、サンティアゴへの巡礼路が安全になると、巡礼が活況を呈するようになりました。

巡礼者は巡礼完遂《かんすい》の印にホタテ貝をもち帰り、マントや帽子につけました。そこでこの「ホタテ貝」は、「聖ヤコブの貝」ともよばれるようになったのです（口絵21）。

巡礼者を迎えるために道路や橋の整備、巡礼宿・修道院・施療院《せりょういん》の建設が行われ、その道は商人や一般の旅人も利用するようになりました。巡礼熱は一三世紀が頂点で、毎年何十万人も訪れました。この巡礼地の重要性を示すように一二一一年には新たな大聖堂が完成し、アルフォンソ九世列席の下、献堂式が行われました。

スペイン・ロマネスク

中世のスペインにおける国際的な文化・宗教芸術の開花という点でもうひとつ見落とせないのは、ロマネスク建築です。ちなみにサンティアゴ・デ・コンポステーラ大聖堂はまさにスペイン・ロマネスク建築の一大傑作です（口絵12）。

レコンキスタは紀元一〇〇〇年以前の段階でかなり進んでイスラーム共同体は南に追いやられ、北方ではキリスト教徒たちが自由に礼拝できるようになりました。しかし最初は独自の聖堂がなく、イスラーム教の建物を改修したりして使っていました。やがて自分たち独自の設計で教会を建てたいとの願いがつのり、そこにできたのがロマネスク様式の教会だったのです。

まず一〇世紀に北イタリアのロンバルディア地方から地中海沿岸を伝って南フランス、ついでピレネーを越えてカタルーニャに、連続小アーチ装飾のロンバルド帯が特徴のロマネスク様式が広まります。もうひとつは一一・一二世紀に、サンティアゴ巡礼路を通ってフランスから伝わったタイプで、傑作がアラゴン、ナバラ、アストゥリアス、ガリシア、カスティーリャとレオンに残っています。

当初はごく単純な三廊式《さんろうしき》バシリカ建築でしたが、後にラテン十字形になりました。壁が厚く重厚で窓は小さく、後陣は半円形、ささやかな幾何学《きかがく》的装飾があることなどが共通していますが、地域ごとに特徴を異にしています。

スペインのロマネスクは、南フランスのロマネスクともども、素朴《そぼく》ですがじつに魅力的です。カルドナのサン・ビセンス教会、リポイのサンタ・マリア修道院、ブルゴス南方のサント・ドミンゴ・デ・シロス修道院、フロミスタのサン・マルティン教会(図2-2)、フロンタニヤのサン・ジャウマ教会、などを挙げておきましょう。

一〇～一二世紀、サンティアゴ巡礼路とその周辺にロマネスク様式で教会・修道院・施療院がつぎつぎ建設されたことは、レコンキスタによるイスラーム勢力からの土地・財産の奪還と、キリスト教の霊性の新たな飛躍が連動していたことを表しています。

2-2　フロミスタのサン・マルティン教会

中核としてのカスティーリャ

一二世紀後半、第二次タイファの分裂状態を終息させたムワッヒド朝は、余勢を駆って北方キリスト教諸国の領土へと攻め寄せました。カスティーリャ軍はアルフォンソ七世と同八世のもとでよく戦いました。そして一二一二年に、キリスト教諸国の攻勢を決定づける戦いがおきました。ラス・ナバス・デ・トロサの戦いです。

一一九五年にアラルコスの戦いで敗れたカスティーリャ王アルフォンソ八世は、キリスト教世界に向かい「十字軍」を宣言します。アラゴン、ナバラ、ポルトガルなどの諸君主が盟約して軍を動員し、教皇インノケンティウス三世も支持してくれました。

本来の十字軍は、中東イスラーム勢力に奪われた聖地エルサレムを奪還するために、教皇の唱道の下に西欧キリスト教諸国が遂行《すいこう》した軍事遠征ですが、広い意味ではキリスト教の敵との戦いがそうよばれました。その「十字軍」により、スペインのキリスト教勢力は一二一二年、ラス・ナバス・デ・トロサでムワッヒド朝をたたきつぶし、その勢力を半島南部のシエラ・モレナ山脈のかなたに追いやったのです。

ムワッヒド朝はモロッコに撤退し、各地に反ムワッヒド勢力が台頭、一二六九年ついに滅亡します。ムワッヒド朝が衰亡したこの時代、イベリア半島南部では再び活発化したレコンキスタの攻勢を受けます。

カスティーリャに注目してみましょう。一二一四年のアルフォンソ八世の死後の混乱を、一二一七年にフェルナンド三世(在位一二一七〜五二年)が登位《とうい》して立て直します。彼は一二三〇年、再分裂していたカスティーリャとレオンを再統一し、新たな「カスティーリャ王国」を成立させました。

さらにタイファ諸国に対してレコンキスタを本格化させたフェルナンド王は、一二三六年にはアル・アンダルスの首都コルドバを落とし、他の諸都市も帰順しました。一二四三年にはムルシアを奪取、一二四六年にはハエン、ついでセビーリャも一二四八年に兵糧《ひょうろう》攻《ぜ》めで陥落させて保護領としました。イスラーム支配下に残ったのは、グラナダのタイファのみでした。

要するに一三世紀は、キリスト教勢力の中核たるカスティーリャのリーダーシップで、グアダルキビル川から半島東部までレコンキスタが大きく進展した世紀でした。

カスティーリャでは、再征服に貢献したグスマン家をはじめとする大貴族たちが報償として広大な土地を得て、大農園が出現しました。ほかに宗教騎士団や教会も大きな土地を獲得しました。再植民した入植者は家屋や土地を与えられるなど優遇され、小土地所有の自由農民が多く生まれました。

また中部・北部では牧畜が主流となりました。北アフリカからメリノ種のヒツジが導入されたことで羊毛の輸出がふえ、王室もこれを自分の利益にしようと、一二七三年にはいくつかの牧羊団体を「全国メスタ」というひとつの団体組織にまとめ、特権を付与するかわりに、そこからの財政援助を期待しました。実際一二世紀末から一三世紀にかけてのカスティーリャ王国では、ビルバオ、ブルゴス、トレド、クエンカ、セゴビア、コルドバなどで羊毛産業、毛織物工業が大発展し、北ヨーロッパとの貿易が活発になったのです。一方バスク、カンタブリア両地方では鉱山開発や造船業が順調に推移しました。

アルフォンソ一〇世（賢王《けんおう》、在位一二五二～八四年）時代には、後段で述べるような文化が花開き、また王国の政治的・法的統合と行政機構の整備が進展しました。一三世紀から一四世紀初頭にかけては、カスティーリャはじめスペイン各地の人口増加・経済発展があり、都市も繁栄を極めました。その後、ペストや気候の悪化により農村荒廃、経済混乱、社会騒乱が一時的におきましたが、貴族は羊毛販売から着実に利益を得ていきました。

領主は農民と長期借地契約を結ぶことが多くなりました。農民の所有地もありましたが、ミニフンディオ(極小土地所有制)で、ごく小さな葡萄《ぶどう》畑やオリーブ畑をつくるのが関《せき》の山でした。農民に負担を強いる国王税が増加したこともあり、その生活は苦しいものでした。

地中海に雄飛するアラゴン連合王国

レコンキスタが順調で勢いに乗ったキリスト教諸国家は、カスティーリャ以外でも国づくりを加速させていきます。たとえばアラゴンでは、征服王ハイメ一世(在位一二一三〜七六年)がバレアレス諸島、バレンシアと次々に領有していきました(地図2-3)。

つぎの王がペドロ大王(三世、在位一二七六〜八五年)で、彼は一二八二年にシチリアを占領、息子たちがシチリア王になります。

アラゴン連合王国はその後、サルデーニャ、ナポリ王国をも手に入れます。中世から近世に

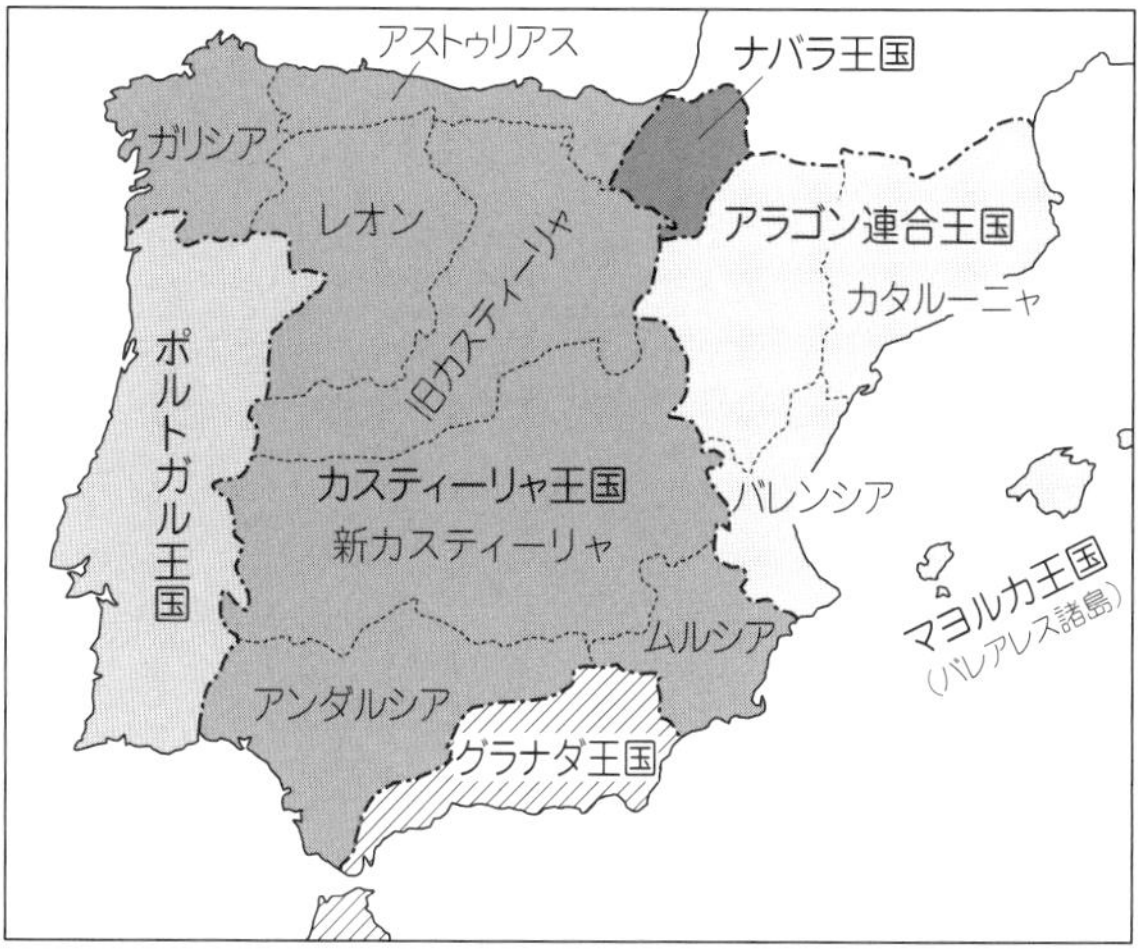

地図 2-3　1270〜1492 年のイベリア半島

かけての南イタリアの歴史はまさにスペインの歴史と切り離せなくなりますが、その基礎を作ったのがこのアラゴンの王たちと、イタリア領内に大挙入ったカタルーニャ人だったのです。

そしてアラゴン連合王国の都市のなかではバルセロナが繁栄して、イタリアのジェノヴァと地中海貿易をめぐる覇権争いをくり広げました。バルセロナは染料・繊維・織物を輸出し、レバント(地中海東部沿岸)地方まで含む商業交易網を形成して利益を得ました。

ペドロ四世(儀典王、在位一三三六〜八七年)は、こうした商業を積極的に推進しました。商業の発展によりアラゴン連合王国では他の都市も栄え、スペインではめずらしく金融業や貿易で財をなしたブルジョワジーが成長していきました。

しかしペドロ四世の積極的対外政策は次第に財政を圧迫し、そこにペストの惨禍《さんか》も加わります。その後一四世紀後半から一五世紀前半にかけて人口が減少し産業も低下、商業危機が発生します。連合王国の中心だったカタルーニャの地中海貿易もジェノヴァ商人、カスティーリャ商人、ポルトガル商人などとの競争に敗れてしまいます。

コルテス（議会）の役割

それでは政治制度はどうでしょうか。一三世紀から、カスティーリャ、アラゴン、バレンシアには別々の「コルテス（議会）」があり、国王顧問会議とともに国の政治の根本制度になっていました。それは聖俗有力貴族が参加していた封建会議に都市代表を加えたもので、王が通常の慣習となった税金以上に金銭が必要なとき、徴収を承認してもらうために開かれたのです。これは、ヨーロッパではじめての意義深い代表制度とされています。

おなじコルテスでも、国によってそれぞれ構成や代表権のある身分が異なっていました。カスティーリャのコルテスは、王が定期的に議会を召集する義務を負わなかったためもあり、政治的影響力をあまり揮《ふる》うことはできず、立法権もありませんでした。

一方アラゴン連合王国のコルテスは、一三世紀後半から一四世紀にかけて、聖職者、大貴族、下級貴族、都市代表の四部会からなる身分制議会として確立しました（カタルーニャとバレンシアでは原則として下級貴族をのぞいた三身分）。そして立法権を手に入れ、国政全般を監督するとともに徴税・財務を手がける議会常設代表部（ジェネラリタート）、さらには王と特権身分層の仲裁者としての大法官が設けられました。これらは、やがて法が遵守《じゅんしゅ》されているかを監視する自由の擁護者《ようごしゃ》になっていきました。

カスティーリャ、アラゴンそしてほかの国々も含め、一三・一四世紀はスペインの諸王国の発展期でしたが、さまざまな困難も待ち受けていました。それは王国同士や王国と貴族・諸都市の争い、後継者をめぐるもめ事などで、これは一五世紀に入ってもつづくのです。

叙事詩『わがシッドの歌』

レコンキスタは、中世の騎士道精神、あるいは十字軍精神と非常に深い関係があります。キリストの戦士としての騎士が、異教徒を討伐《とうばつ》するという神によって与えられた使命をはたすからです。そこでレコンキスタの英雄が、武勲詩《ぶくんし》の主人公になるのは当然でしょう。

フランスでは一一世紀末頃成立の『ローランの歌』がその最初の代表例だとすれば、スペインでは『わがシッドの歌』（一二世紀半ば～一三世紀初頭）がもっともよく知られています。

アルフォンソ六世に追放されたエル・シッド一行が故郷を去る場面から始まり、三つの歌で冒険と功業を重ねていく姿を描きます。エル・シッドは伝説化して武勲詩の主人公になりましたが、じつは一一世紀末に亡《な》くなった、実名をロドリーゴという実在の人物がモデルです。

一〇六五年カスティーリャ＝レオン王国のフェルナンド一世が亡くなると、遺言によりその領土は三人の王子に分割相続され、そこに兄弟間の領土争いが発生します。カスティーリャ王になったサンチョ二世（在位一〇六五〜七二年）は、レオンを相続した次弟アルフォンソ六世と組んで末弟ガルシア二世をセビーリャへ追放してガリシアを征服しますが、まもなくアルフォンソ六世とも武器を交えることになります。

サンチョ二世は勝利したものの、サモラの包囲戦の最中に暗殺され、それにアルフォンソ六世がからんでいると疑ったのがサンチョにつかえていた中級貴族家系（郷士《ごうし》）出身のロドリーゴでした。サンチョが謀殺《ぼうさつ》された後、レオン、カスティーリャ両王国の王になったアルフォンソ六世とうまくいかなくなったロドリーゴは、追放され、なんとサラゴサのイスラーム軍の指揮官となって活躍したのです。

実物は主君に対してもキリスト教に対しても裏切り者なのに、『わがシッドの歌』で英雄視されることになる、ちょっと不思議な展開です。物語のエル・シッドは人力を超えた力を発揮してつぎからつぎへと敵を倒し、ライオンを手なずけ、大天使ガブリエルの守護を得るといった、気高く信仰心あつい男として描かれています。

無実の罪で追放刑に処せられた彼は、立てつづけにモーロ人を打ち破って自分の名誉と財産を回復していくのですが、主君アルフォンソ王をうらむことなく忠誠心をもちつづけ、勝利の貢《みつ》ぎ物（駿馬《しゅんめ》一〇〇頭）を王にささげることを忘れない理想的騎士にしたてあげられています。

宗教騎士団設立

エル・シッドが見事に両立させた宗教と軍事は、中世以降のスペイン人のもっとも大きな情熱の対象でした。ですから、国内のほかの部分がバラバラになってまとまらなくても、この二つ（カトリック教会と軍隊）は中世からほぼ現代にいたるまで、スペイン全体をまとめあげる鋼《はがね》のきずなになっていました。

宗教と軍事の結合した組織として早期につくられたのは、宗教騎士団です。騎士修道会とも称され、修道誓願を立てた修道士に騎士としての資格を加えた団体です（図2-3）。一二世紀前半から聖地の宗教騎士団にならったものがアラゴンでつくられましたが、一二世紀末にはカラトラバ、アルカンタラ、サンティアゴという三つの永続的宗教騎士団が創設され、都市民兵と

2-3　スペイン三大宗教騎士団の修道服を着た貴族たち

ともにレコンキスタの尖兵《せんぺい》として働いたのです。彼らはムワッヒド朝と干戈《かんか》を交え、一二一二年のラス・ナバス・デ・トロサの戦いでも活躍しました。

まずカラトラバ騎士団ですが、最初テンプル騎士団に委ねられていたカラトラバの砦《とりで》を、ナバラのシトー会修道院長が名乗りをあげて引き受け、一一五八年に何人かの騎士をその砦にすえたのが始まりです。まもなく二〇〇〇人の修道騎士が集まり、一一六四年には教皇アレクサンデル三世が教勅《きょうちょく》で認可して正式な宗教騎士団になりました。彼らはレコンキスタで奮闘し、やがてカスティーリャ辺境の多くの城を支配し、何千という家臣をもつようになりました。戒律《かいりつ》はきわめて厳しく、通常の服従・貞潔《ていけつ》・清貧《せいひん》に加え、沈黙と断食《だんじき》のおきてを課されました。

アルカンタラ騎士団は、一一七〇年頃、サラマンカの貴族らによりレオン王国のエストレマドゥーラのサン・フリアン・デル・ペレイロに設立された軍事兄弟会を起源とします。テンプル騎士団を模範とし、モーロ人からの地域の防衛を目標に掲げていました。一一七六年、レオンのフェルナンド二世によって公認され、同年教皇アレクサンデル三世により修道会と認められ、さらに一一八三年には教皇ルキウス三世によりシトー会の戒律を与えられました。一一八七年以前にはカラトラバ修道会の傘下《さんか》にあったようですが、のちに自立し、アルフォンソ六世から与えられた砦(アルカンタラ)の名にちなんだ名前になりました。

ではサンティアゴ騎士団は、どんな経緯で成立したのでしょうか。一一七〇年、レオンとガリシアの王フェルナンド二世(在位一一五七～八八年)は、イスラームから取りもどしたばかりのエストレマドゥーラのカセレスの防衛を、初代団長となるペドロ・フェルナンデスとその一二人の仲間に託しました。彼らを中心に、聖地にある宗教騎士団にならったカセレス宗教騎士団ができました。

彼らは、やがてキリスト教国スペインの守護聖人聖ヤコブの家臣にして騎士として聖化されサンティアゴ宗教騎士団となり、一一七五年に教皇アレクサンデル三世から認可を得ました。ペドロ・フェルナンデスはポルトガル、カスティーリャ、アラゴン、フランス、イタリア、聖地エルサレムで財産を獲得し、この騎士団を国際的な規模のものに拡張しました。

これら主要なスペイン宗教騎士団は王権の指導下に形成され、レコンキスタがほぼ完了した一三世紀以後も、外国との戦争、国内の叛徒《はんと》鎮圧《ちんあつ》などで誉《ほま》れある軍として王権を支えたのです。

そして一五世紀末には上記三騎士団の団長職をカトリック両王(後述)が確保し、その収入を国庫に入れることが可能になりました。

異文化交流の果実

後ウマイヤ朝時代のスペインにおいて、キリスト教徒、ユダヤ人、イスラーム教徒の三者の交流がさかんになされ、豊かな混淆《こんこう》文化が花開いたことはすでに述べました。スペインの文化や社会はキリスト教徒だけがつくったものではなく、アラブ人、ユダヤ人もスペイン文化の創造者だったのです。

そのことは後ウマイヤ朝時代だけではなく、その後のタイファ時代、レコンキスタ時代においても当てはまります。一一・一二世紀のアル・アンダルスには数万人のユダヤ人がいて各タイファで信仰の自由と自治を認められ、さまざまな手工業・自由業に携わるとともに、宮廷につかえることもまれではありませんでした。諸タイファの王は自分たちの首都の防備をかためてモスクや宮殿を建設するのみか、招き入れた詩人や学者、買い入れた女奴隷《どれい》(歌手・おどり子)による学術・芸能も奨励しました。

厳格なイスラーム信仰を標榜《ひょうぼう》するムラービト朝とムワッヒド朝下のアル・アンダルスにおい

ては、モサラベやユダヤ人がイスラームへの改宗か外部への移住を強要されました。かくてユダヤの学問研究は、キリスト教スペイン諸国に中心が移っていきました。

しかしそれでもイスラーム支配下で、セビーリャ大聖堂のヒラルダとよばれる鐘塔《しょうとう》(もとは大モスクの、ミナレットとよばれる塔、口絵5)をはじめ、多くの精妙な装飾のある建築が建てられましたし、多様な人文・社会・自然関連の学問が発展したのは驚くべきことです。

たとえば、ユダヤの律法主義の権威マイモニデス(一一三五～一二〇四年)の諸著作、アラブの大哲学者アヴェロエス(別名イブン・ルシュド、一一二六～九八年)のアリストテレス注釈書が登場しましたし、ヘブライ語の詩もアラビア語的なアクセントをまといながら、シナゴーグ(ユダヤ教の会堂)の外に出て歌われるようになりました。

頌詩《しょうし》・抒情詩《じょじょうし》にとりわけ見るべきものがあり、イブン・ハズム(九九四～一〇六四年)の『鳩《はと》の頸《くび》かざり』という恋愛論は、古典アラビア語を洗練させて愛の発生原因や諸問題・特質を豊かな想像力で歌い論じていきましたし、ほかにザジャルという口語的な詩形式を完成させたイブン・クズマーン(生年不明、一一六〇/六九年死去)の都市抒情詩の傑作、イブン・ハファージャの自然賛美の詩などが創作されました。

攻勢を強めて領土を回復していったキリスト教諸国にも、アル・アンダルスで展開した詩《しい》歌《か》・芸術が濃厚に流れこんでいったことを見落としてはなりません。というのもイスラーム勢力は一一世紀末、キリスト教勢力にトレドを奪われ、さらに南へと押し返されて、結局グラナダを中心とするアンダルシア地方へと局限されていくのですが、イスラームの旧支配地ではその支配が終わった後でさえ、イスラーム文明の余燼《よじん》がくすぶっていたからです。

またユダヤ人たちも、こうしたアラビア文化のキリスト教王国への伝達に尽力しました。じつはキリスト教諸王国でも一五世紀までは異教徒に対してかなり寛容で、イスラーム教徒らも、それまでカリフに納めていた税金をキリスト教君主に納めれば住みつづけられたのです。諸民族が交流することで、学問・文化が発展しました。

いわゆるムデハル様式は、トレド以外でもきわめてさかんで、一〇世紀から一五世紀にかけて、モスクばかりか教会やシナゴーグもこの様式で建てられました。それはアル・アンダルスで迫害されたモサラベたちが、キリスト教諸王国に亡命して来てもたらしたものです。石材にとぼしいところでも造れるよう、粗石《そせき》・煉瓦《れんが》・漆喰《しっくい》・木材・タイルなどが用いられ、彩色された化粧小屋組天井、馬蹄《ばてい》形アーチ、アラベスク模様などが特徴的です。汎用《はんよう》性が高いので教会から王室建築、貴族の邸館《ていかん》、庶民建築までこの手法で造られました。

アルハンブラ宮殿造営

では、アンダルシアへと局限していったイスラームの文化は、どのような姿を見せていたのでしょうか。ナスル朝下にグラナダの丘の上に造られたイスラーム建築の粋《すい》というべき傑作建築が、アルハンブラ宮殿です(口絵9～11)。

ムハンマド一世が造営をはじめた宮殿は、その後ユースフ一世とムハンマド五世時代を中心に増改築されました。この豪奢《ごうしゃ》な宮殿は、二つの大きな中庭を中心に、地上の楽園のように愛と逸楽《いつらく》の快楽主義、露《つゆ》のしたたる春の花園の嫋々《じょうじょう》たる雰囲気が支配していました。

アルハンブラはたんなる宮殿ではなく、すばらしい庭園や浴場、モスク、防備塔、城壁、学校、図書館を備えた王宮都市とでもいうべき複合施設で、後ウマイヤ朝末期のアルカサーバ(砦)を原点とし、ナスル朝時代に新規に増改築されていったのです。

建物では、その本体たる宮殿のほか、塔・門・庭・泉などが造営され、その際、中東イスラーム世界で発達した灌漑《かんがい》施設をもちこみ、園芸技術を導入・改良しました。「ライオンの中庭」は四方を建物に囲まれ、それらの建物は一二四本の大理石《だいりせき》製円柱で支えられています。

天井の彫刻は数種類のタイルを組みあわせてつくられた鍾乳石《しょうにゅうせき》かざり(ムカルナス)で、オリエントで発展したものが伝わりました。床や柱は精巧で優雅なタイルでおおわれ、その技術はきわめて高度で、こうした内部空間は、君主の富と権力を誇示するためにありました。

アルハンブラは、緑なすミルテの庭や大きな四角い池の水、部屋のなかの水盤と噴水、さんさんと降りそそぐ光、変化に満ちた唐草《からくさ》模様やモザイク模様、赤・青・緑にぬられた化粧漆喰の丸天井など、まさに快楽をかきたてるようつくられていました。

賢王《けんおう》アルフォンソ一〇世

ここで、中世スペインの政治・宗教・思想の世界の傑物を二人紹介しましょう。二人とも、当時のスペインの特徴をなす「異文化交流」の可能性を最高度に発揮した人物です。一人は、一三世紀後半のカスティーリャ王アルフォンソ一〇世（在位一二五二〜八四年、図2-4）で、敬意を表して「賢王」とよばれています。今一人はラモン・リュイという思想家です。

アルフォンソ賢王は、カスティーリャの行政機構の改革や法と諸制度の統一を進めて、複合国家（連合王国）の中央集権化と君主の職務・権能・威厳の明確化に努めました。それに関しては、『七部法典《しちぶほうてん》』（一二五六〜六三年）の編纂《へんさん》がなにより重要です。

というのもこの法典は、刑法、民法、商法、教会法など七つの領域にまとめられており、各地に地方ごとの「フエロ（地方特別法）」があるという状況を克服して、王国全体の統一された法体系を提示しようとしたからです。ラテン語ではなくカスティーリャ語で書かれているのも、意義深いことです。

アルフォンソ王は自分の理想を、今はエリートしか理解できなくてもそのうち国民全体に理解してほしいと念じて、国語としてのカスティーリャ語を話し言葉のみならず書き言葉としても立派に確立したかったのでしょう。アラビア語に対応する抽象《ちゅうしょう》語を工夫するなど、法律・歴史・文学・科学における適切な言葉をつくっていきました。

2-4　アルフォンソ10世とムデハルたち

アルフォンソ王が関わった法典以外の著作としては、歴史分野で『スペイン史』と『世界史』があり、やはりカスティーリャ語で書かれました。前者には、複数の王国をまとめてひとつの平和なスペインをつくろうという野心とカスティーリャによる覇権要求の正当化の意図がこめられています。古代史料のほか、アラビア語の史料も利用したうえでの編纂です。

さらにその名を高めているのが『サンタ・マリア讃歌《さんか》集』、いわゆる『カンティガ』で、スペインに広まっていたマリア信仰を背景にした、四二九編の抒情詩と物語詩からなる大集成です。多くはガリシア詩人のアイラス・ヌネスの作品とされていますが、王自身の作品もあり、豊かな感情表現など、詩人としてのアルフォンソ一〇世の面目躍如《めんぼくやくじょ》というところです。以上の作品の編纂については王自身、いわば監修者として目配りし、指示しました。

こうした法律・歴史・文学における記念碑的作品の制作とともに、あるいはそれ以上に大きなアルフォンソ王の功績は、異文化の積極的吸収でした。その宮廷はイベリア半島各地方、ヨーロッパ各国の学者・詩人の出会いの場であるだけでなく、イスラーム教徒とユダヤ人も出入りしました。

王はとりわけ翻訳活動を大々的に後援し、一二五四年トレドとセビーリャにラテン語とアラビア語の総合研究所・学校を設立して、外国から学者らを招聘《しょうへい》しました。アラブ＝イスラーム世界に保存されていた古代ギリシャおよびアラブ自身の文化遺産を、スペインでも利用できるようにしたかったのです。そこで王は国民すべてにわかるように、ラテン語のみならずカスティーリャ語への翻訳も始めました。「一二世紀ルネサンス」を一歩先に進めた形です。

そうして日の目を見たものには、東洋の短編物語集や鉱物誌、天文学・占星術関連のものなどがあり、とりわけ一二六九～八三年に訳された『アルフォンソ表』は、コペルニクスが地動説を唱えるまで西洋天文学に不可欠の道具となりました。さらに『チェス、サイコロおよびボードゲームの本』(一二八三年)も、ヨーロッパの盤上ゲームのルーツを探るのに不可欠の史料で非常に興味深いものです。

アルフォンソ王は自らの宮廷にキリスト教、ユダヤ教、イスラーム教の三宗教の学者を集めて宮廷人らに百科全書的な知識を伝授させるとともに、自身も該博《がいはく》なる知識を獲得していきました。彼は「神はキリスト教徒、ユダヤ人、モーロ人(イスラーム教徒)皆を救える」とし、自らの墓碑銘《ぼひめい》を、カスティーリャ語やラテン語だけでなく、アラビア語とヘブライ語でも刻ませたほどです。

この異文化に理解と興味をもつ「賢王」が誕生したのは、彼の王国とその周辺(乱立するタイファ)に、活発なイスラーム文化・ユダヤ文化の拠点が明滅していたからでしょう。アルフォンソ一〇世はそれを見逃しませんでした。この時代、スペインはまさに東洋世界と西洋世界のかけ橋になっていたのです。

破格の知識人ラモン・リュイ

一五世紀以前のスペインにおける異文化融合のもう一人の偉人が、マヨルカ島出身のラモン・リュイ（一二三二～一三一五年）です。彼は真に独創的な学者で、キリスト教思想の枠《わく》をはるかに越え、ユダヤ思想、アラブ思想をも自家薬籠中《じかやくろうちゅう》のものにして、世界の一般システムを解き明かす一種の総合的学問を築きました。学者として偉大なだけでなく、詩人、ロマンス作家、布教者としても一流でした。

若い頃、彼はマヨルカ王国のハイメ王子の家令《かれい》に任じられ、トゥルバドゥール（南仏抒情詩人）にならった愛しい女性をたたえる浮薄《ふはく》な歌をつくったりしていました。しかしある日突然、イエス・キリストが顕現《けんげん》したのをきっかけに回心《かいしん》し、資産を売り飛ばし家族を捨て、異教徒の改宗に命をささげようと決意します。そしてアラビア語をマスターし、神学やイスラーム哲学についても素養を積みました。

リュイは一二七六年、かつての主人ハイメ王子（翌年マヨルカのハイメ二世となる）の財政援助を得て、マヨルカ島のミラマールにアラビア語学院を建設し、そこでカトリック教会の修道会のひとつであるフランシスコ会修道士らにイスラーム哲学を打破する技術と方法、そしてアラビア語を教授しました。

ついでリュイは、一二八七年からヨーロッパ各地を遍歴して講演・説教しましたが、十字軍勧奨や教会改革、世界各地のイスラーム教徒・ユダヤ人改宗にとりつかれたその高揚ぶりで、狂人あつかいされてしまいました。教皇（ヨハネス二二世とニコラウス四世）も、高位聖職者・大学関係者・世俗権力者なども、誰ひとりとして彼の勧めに耳を貸してくれないことに落胆したリュイは、一人で異教徒改宗計画を実現しようと、一二九三年ジェノヴァからチュニスに向け出帆《しゅっぱん》しました。フランシスコ会第三会（在俗会）会員となったあと、一三〇七年と一三一五年にも北アフリカに宣教に出かけましたが、モスクの門前での説教はイスラーム教徒の憤激を買い、投獄されたり追放されたりしました。

2-5　チュニスで石礫を浴びるラモン・リュイ

　リュイはチュニスからマヨルカにもどる途中海上で亡《な》くなったとされていますが、いきり立ったイスラーム教徒らに石礫《いしつぶて》のリンチで殺されたという伝説を信じる人もいます（図2-5）。

　彼はおびただしい数の著作を残しています（図2-6）。ラテン語とカタルーニャ語、アラビア語で執筆し、抒情詩は――トゥルバドゥールとおなじ――オック語です。神学関連の著作のほか、抒情詩、騎士道論、ユートピア小説もあります。

2-6　ラモン・リュイ著『学問の樹』挿絵

主著に大部の神学書たる『神の観想の書』（一二七三〜七四年）と思考システム＝アルス（術）についての書（『大アルス（究極の一般術）』（一三〇八年）、『小アルス（真理発見のための簡略な術）』（同））があり、これらのアルスの書は「文字」「表」「部屋」「幾何学的形象」「樹木」などを用い、説明・演繹《えんえき》・推論などの諸原理の組みあわせでキリスト教の真実と優越を主張し、異教徒の知識人を説得するために考案されました。

しかもその際、「相手の言語」で語りかけるよう心がけました。聖書にもとづく三宗教（キリスト教、ユダヤ教、イスラーム教）の共通命題から出発して、ほかの命題が最初の述語と矛盾しないか否《いな》かを示していき、キリスト教の優越性を「証明」しようとしたのです。

「霊感博士」とか「幻想博士」とのちにあだ名されたように、彼は、まさにとりつかれたように思考し行動しました。すさまじい知的情熱のなさしめるところであり、それが異文化の切り結ぶ現場で発揮されたところは、あくまで三宗教の対話による解決を信じていた点とともに——上記アルフォンソ王ともども——スペインならではの特性が感じられます。

質素な貴族と郷士然たる職人

中世のイベリア半島のキリスト教諸国、とくにカスティーリャは、レコンキスタが進行中のためつねに戦時体制にあり、それゆえに貴族・騎士たちが高い社会的地位を占めていました。爵位《しゃくい》をもつ大貴族はひとにぎりで、彼らが王から広大な地所を与えられ、大半の土地を占有していました。ほかの特権者には高位聖職者や都市支配層がいました。一般の貴族というのはいわば小貴族＝郷士《ごうし》（イダルゴ、図2-7）で、伝統的権力を笠《かさ》に着る田舎の地主でした。しかしその内実はさまざまで、富んだ者と貧しい者、旧家を誇る者と新興の者がいました。

これらの郷士は戦争をなりわいとし、その過程で手に入る土地と戦利品が主要な財産でした。武勲《ぶくん》と名誉を行動原理にかかげる彼らは、不可能とも見える困難に全力で立ち向かうことを無上のよろこびとし、厳格に規定された名誉のおきてで人間関係をとらえていました。そして自分の所領経営にはほとんど無頓着で、借地農から借地料のみ得ればよいと割り切り、怠惰《たいだ》にくらしていました。

彼らは王と協働してスペイン国家の統合に努めるどころか、制度改革や財政負担をめぐって王と対立することもありました。というのも彼らにとって一番大切なのは、自分の立場を支える地域の政治だったからです。

郷士の多くは都市に家を所有して上流市民のような生活を送りつつ、市政を牛耳ることがあり、一般市民とは紋章の所持で区別されました。また彼らには王室への税金の免除や裁判・刑罰における優遇という特権があり、その名誉に鼻高々でした。王のための徴税請負や財務管理のほか、商業にたずさわることもありました。

2-7 植民地での郷士(イダルゴ)

しかし彼ら郷士が贅沢《ぜいたく》を追求することはあまりありませんでした。中小農民に賃貸した土地からの収入は乏しく、郷士の多くは農民に毛が生えたくらいの財力しかなかったのです。彼らはつましい家具のみの快適とはいえない家屋に住み、槍《やり》一本に楯《たて》ひとつ、やせ馬一頭がいれば、王様のように誇り高い生活が、少なくとも夢想のなかでできるのでした。
一方、人口の八割を占める農民にも、富裕な者もいれば貧窮に苦しむ者もいました。後者が大部分で、大土地所有者に使われましたが、イスラーム側から奪った土地や荒蕪地《こうぶち》・無主地に入植して土地を耕せば、非常に有利な条件・特権を得ることもできました。

とりわけカスティーリャの辺境の農民あるいは羊飼いは、放牧権や木材の伐採権などの特権を与えられていました。厳しい自然のなかで、農民たちもそまつな衣類、貧しい食事で働いたのですが、郷士の名誉心が伝染したかのように、貧しくとも誇り高い存在でした。

自尊心の高さがさらに顕著なのが、職人たちでした。彼らはマントを着けたままやる気なさげにすわって仕事をし、ある程度お金がたまると剣を佩《は》いて郷士然と遊び回るか、かざりの付いた派手な上着を肩に引っかけ、楽器片手に娘たちを口説きに出かけました。つまり、皆がすっかり騎士・郷士気取りなのです。

こうした身分の平準化傾向は、近代になってもかわりません。スペインでは、いくら身分が高い者でも、下の者ともふつうに会話し、逆に下層の者でも誇り高く自尊心に満ちていて、高い身分の者を往来でよび止めるのに躊躇《ちゅうちょ》しませんでした。

カルデロンの『サラメアの村長』（一六四二年）には、国王や将軍とポンポン言いあう村人たちが登場します。一九世紀フランスの作家テオフィル・ゴーチエの伝えるところでは、物乞《ものご》いはその紙巻きタバコの火を大貴族の葉巻から分けてもらい、貴族のほうでも自分が恩恵を施しているとは思わない、また侯爵夫人も旅の途中で馬車をあやつる御者や猟銃を持った護衛人とおなじコップで水を飲むことを少しも気にしない、（人数の関係で）上流社交界の貴婦人のダンスの相手に庭師や従僕《じゅうぼく》が急きょよばれることがあり、そんなときには両者とも心地よく楽しげにおどる……ということです。

つまりこの国では、皆が民衆的であるし、また皆が気高《けだか》さに満ちているのです。フランスやイギリスのように、貴族と平民がはっきり分かれていることはなく、おなじ仲間のなかのちょっとした上下関係にすぎない、といった感じです。

じつはスペインでは王様でさえ庶民的です。フランスやイギリスの王のように特別な戴冠儀《たいかんぎ》礼《れい》や葬送《そうそう》儀礼で崇高《すうこう》さを身につけようとはしませんでしたし、祓魔師《ふつまし》として悪魔祓《ばら》いをした例はあるものの、それ以外に奇跡力・呪術力をもち出すこともありませんでした。スペイン絶頂期の王フェリペ二世は、配下の大臣や役人らに自分を「閣下《かっか》(Señor)」とよばせ、「陛下《へいか》(Majestad)」などとよばれるのをいやがったそうです。

スペインでは彼ら王は絶対権力者ではなく、その野心もありませんでした。中世スペインのキリスト教諸国の王は——封建的主従関係の脆弱《ぜいじゃく》さもあって——将軍たちあるいは貴族たちの第一人者にすぎませんでしたし、超法規的行動を取ることができたにせよ、国家に法を冒させるよう強要することまではできず、王権は実際上、一定の法的な制限下におかれていたのです。

スペインは大地も空も人の生活も吸う空気まですべて荒々しい。そしてあらゆる身分の者たち、上は王や政府高官から下は兵士や農民・召使いにいたるまで、国民は貧しさに慣れて物的富に執着しないようです。

情熱としての名誉

このように、階級が平均化され、皆の心性の底に民衆的な分厚い層がひかえているのが、とりわけ中世から近世にかけてのスペイン(人)の特徴でした。

もうひとつの際立《きわだ》った特徴は、どの男たちにも名誉第一という行動基準があったことです。名誉を高める軍役につくことが、郷士にとっても平民にとっても、望ましいことでした。とくに家督相続できない次三男は、親がよろこんで国王の軍隊に送り出したのです。

戦争で安全を確保しつつ賢明に戦ったり、必要に応じて退却したりするよりは、無謀を承知で野獣のように突進し、敵になぶり殺しにされることを望むスペイン人、あるいは自陣の戦死者が多ければ多いほど名誉だと考えるスペイン人、こうしたスペイン人の言動が、イタリア人やフランス人を大いに驚かせたといった逸話が、いくつも伝わっています。理想主義的な名誉欲が、身分を問わず中世以降のスペイン人を捕えて鼓舞していたのです。

「名誉」は生命と同等の価値があり、命をかけて守るべきものでした。そして社会が認めるその名誉をもっているかぎりで、どんな身分であれ、皆が平等だと感じるのです。彼らは、名誉を輝かすような大切な事業だと見こめば、神に選ばれた民と自任し、粉骨砕身《ふんこつさいしん》、頑張りますが、そうでもないと思いなすとたちまちやる気が失《う》せて怠惰《たいだ》に沈む傾向があったようです。

こうしたまさに「情熱としての名誉」には、随伴物《ずいはんぶつ》として「羨望《せんぼう》」「嫉妬《しっと》」という負の情熱がはりついていています。隣人・友人同士でも、相手をほめることが自分の利害を損ねるかのように、羨望・嫉妬が充《み》ち満ちているのが、この時代のスペイン社会だったのです。そうした廷臣《ていしん》たちに囲まれた王様に、まともな政治ができるはずはありません。

上述の叙事詩『わがシッドの歌』には、親類縁者や宮廷人がエル・シッドをねたむシーンが出てきます。たとえば第二歌九九節には「その反対にドン・ガルシーア伯は　苦りきってぷんぷん腹を立て　一族の者たち十人とともに　この場から離れ飛び出して行った――『たまげた事をしたものだ　エル・シードの誉れが高まるぞ！　きゃつの誉れが高まれば　その分われらは低められる勘定。（……）』」（『エル・シードの歌』長南実訳、岩波文庫、一九九八年）とあります。

中世に開花した情熱としての名誉は、近世にいよいよ亢進《こうしん》し、後述のようにカルデロンをはじめとする黄金世紀の演劇では、村人の名誉、旧キリスト教徒（ユダヤ人、モーロ人、異教徒の血筋を引かない昔からの純血なキリスト教徒）の名誉、女の名誉、夫の名誉など、「名誉」が随一のテーマに選ばれて、読者・観衆の喝采《かっさい》をあびたのです。

カトリック両王によるグラナダ解放とレコンキスタの完成

一五世紀末のイベリア半島は、政治的・宗教的な大きな節目を迎えました。それはカスティーリャ王国による半島全体の統一と、イスラーム勢力の版図の最終的消滅です。統一はつぎのような複雑な御家《おいえ》事情で実現しました。

アラゴンでは一四一〇年のバルセロナ家の断絶後、王位の後継問題がもちあがりました。そしてカスティーリャとの協議の末、カスティーリャのトラスタマラ王家の王子、アンテケラのフェルナンドが空位になっていたアラゴン王位につきました(フェルナンド一世、在位一四一二～一六年)。

その後アラゴンではカタルーニャ人の反抗・反乱が相次ぎ混乱しましたが、フアン二世(在位一四五八～七九年)は、自分のあとつぎの息子フェルナンドを、おなじ家系に属するカスティーリャの王女イサベルと結婚させることで反乱の鎮静化《ちんせいか》をねらいます。またアラゴン歴代の王はカタルーニャの背反《はいはん》に加えてフランス王ルイ一一世の領土的野心にも苦しんでいたため、カスティーリャに救いを見出そうとしていた、という側面もここにはあります。

このようにして、一四六九年にイサベル（在位一四七四～一五〇四年、図2-8）とフェルナンド（在位一四七九～一五一六年）が結婚し、前者は七四年カスティーリャ王位、後者は七九年アラゴン連合王国王位について「カトリック両王」とよばれるようになります。

2-8　イサベル女王

イサベルの登位《とうい》には兄エンリケ四世の娘フアナとカスティーリャ宮廷内の反アラゴン派およびフアナとの結婚の策謀《さくぼう》を巡らすポルトガル王が反発して内戦が勃発《ぼっぱつ》しますが、イサベルが勝利しました。一四七九年にアラゴンのフアン二世が亡くなるとアラゴンとカスティーリャが合併して、ようやく今日のスペイン国家の元（スペイン王国）ができあがりました。

この統一カスティーリャ最初の大仕事は、レコンキスタの完成でした。統一国家実現により、勇猛な戦士の魂に再び火がともったかのようでした。前述のように、レコンキスタは一三世紀中にかなり進展しましたが、一二七〇年以来中断していました。カトリック両王は、キリスト教勢力内の内戦をやめさせてグラナダ王国をほろぼすことに全力を傾けていきます。そして一四八二年に攻撃を再開し、つぎつぎにモーロ人の領土を奪取します。

士気のおとろえたモーロ人陣営は一四九二年一月二日に降伏し、カスティーリャはグラナダを併合します。レコンキスタの完了です。さらにカスティーリャは、一五一二年にはナバラ王国を併合し、その面積はイベリア半島のおよそ三分の二となりました。

カトリック両王の治下、秩序が回復し、貴族は王権にしたがうようになりました。また騎士団が王の手におさめられ、都市はコレヒドール(裁判権、警察権、軍事権をもつ国王代官)が統制するようになりました。国王顧問会議が再編され、高位聖職者、法律家、騎士で構成される官僚的な最高統治機関になりました。ほかに国王顧問会議の各部局が独立した形で、専門顧問会議(異端審問《いたんしんもん》会議、宗教騎士団会議、財政顧問会議や各地域の顧問会議など)が創設されました。かくして国家統一の実質化が進んだのです。

王室はメスタ(移牧業者組合)を特別な庇護《ひご》下におき、多くの特権を与えるとともに、羊毛産業を育成して王国を発展させようとしました。

なかなかうまく行かなかったのは、絶大な勢力をもつ教会への対応でした。教会・聖職者は、自分たちの莫大《ばくだい》な富および特権を侵害することを許さなかったからです。しかし両王は司教の指名権が王室にあることを教皇に認めさせ、教会による、あるいは教会を通じた献金(クルサーダという一種の免罪符《めんざいふ》の売上金やテルシアス・レアレス[王室三分の一税。教会が教区民から集める十分の一税の三分の一）を王室の恒常的な権利とすることはできました。

ところが、新たなカスティーリャ王国を共に構成するようになったアラゴン連合王国のほうは、カスティーリャとちがってコルテス（議会）が立法の主導権をにぎり、また財政部門を司《つかさど》るコルテスの常設代表部が公債や諸税を管理していました。こうした伝統・諸習慣は、副王や伯代理によって中央集権をはかろうという王の方針に異を唱えさせることになりました。

アラゴン連合王国は、カタルーニャにおける一連の災厄、とくに一四世紀半ばから一五世紀にかけて何度もおそったペストのせいで人口は激減、銀行も次々破産し、経済は衰退してしまいました。羊毛ほかの商品のスペイン南部からの輸出についても、アラゴンはジェノヴァ人との争いに敗れてしまいました。

異端審問制《いたんしんもんせい》の開始とユダヤ人追放

カスティーリャがイベリア半島をほぼ統一したとき、その王たちは自分たちの言語（カスティーリャ語）とカトリックの教えを全住民に浸透させ、個々人の内面からも王国のまとまりをもたらそうとしました。

その関連で、人文主義者エリオ・アントニオ・デ・ネブリハが、イタリアのレオン・バッティスタ・アルベルティの『文法論』（一四四〇年）に次ぐヨーロッパ最初期の俗語文法書『カスティーリャ語文法』を一四九二年に著したことは重要です（図2-9）。共通言語でのコミュニケーションにより、さまざまな母語の王国――後には帝国――内諸地域の人々が、正確に意思疎通できるようになることがめざされたからです。

一方、キリスト教による統合の強力な武器となったのが、悪名高い異端審問制でした（図2-10）。これは一四七八年、教皇から設立許可をえて異端と戦うために導入されたのですが、その最初の犠牲者はキリスト教の異端ではなく、ユダヤ人でした。

2-9　教壇上のネブリハ

じつはユダヤ人への反感自体はもっとずっと前から始まっていました。彼らはもともと、トレド、ブルゴス、コルドバ、セビーリャなど主要都市において、信仰の自由と自治を保障されたアルハマ（ユダヤ人共同体）内で生活し、金融業や商業・手工業、あるいは医者、教師、公証人などの自由業を営んで、キリスト教徒と平和裡《へいわり》に共存していま

2-10　異端審問所でのアウト・デ・フェ(異端判決宣告式)

した。

ところが一四世紀半ば以降になると、ペストの流行や経済危機のなか、「ユダヤ人は毒殺陰謀《いんぼう》や儀礼殺人など恐ろしい悪行をたくらむ悪の手下だ」というデマが広まり、経済・社会状態の悪化をも彼らに転嫁《てんか》する風潮が強まったのです。

民衆たちはユダヤ人が営む高利貸し・徴税請負などへの日頃のうらみ・不満のはけ口をそこに求め、一三九一年のセビーリャをはじめ一四二〇年代まであちこちでユダヤ人迫害が発生しました。シナゴーグが破壊され、おびただしい数のユダヤ人が改宗を強いられて、コンベルソ(ユダヤ教からキリスト教への改宗者)となりました。

一四世紀末以降、「コンベルソは真のキリスト教徒なりや否や?」が大問題になり、一五世紀半ばから後半にかけては、経済危機と政治的混乱のなかでキリスト教徒であるはずのコンベルソまでが攻撃の対象になりました。王侯の間にも反ユダヤの風潮を利用して権威を高めようとする者がいました。カトリック両王も、反ユダヤ主義を募らせる民衆に迎合するかのように、政治的安定のため、ユダヤ人追放と異端審問所開設を命じたのです。

一四九二年三月には、占領したアルハンブラ宮殿においてカトリック両王が全ユダヤ人改宗令に署名しました。しかもユダヤ人は、改宗をこばむならば財産を処分して国外に出なければなりませんでした。こうして数万人のユダヤ人がキリスト教に改宗、七〜一〇万人が追放されました。次章で見るように、まもなくおなじ命令がイスラーム教徒にもくだることになります。

隠れユダヤ人発見のため、教皇の許可のもと、まずセビーリャに異端審問所がつくられたのは一四八〇年のことでした。ついでコルドバ、トレド、サラマンカ、セゴビア、バリャドリッド、ブルゴス、クエンカ、さらにアラゴン連合王国へも設置が広がっていきます。これはローマ・カトリック教会の組織でありながら、スペイン王権主導の下に動く全国組織でした。開設後三十年間は、逮捕され取り調べを受けたのは、ことごとくコンベルソでした。

悪名高き初代異端審問所長官が、ドミニコ会士の神学者トマス・デ・トルケマーダでした。コンベルソと自称しつつ洗礼を受けないユダヤ人がいるのは遺憾《いかん》だ！——じつは彼自身もコンベルソでした——と、その宗教的・社会的地位を検討し解決することを目標にかかげた彼は、家族・親族、兄弟会、同職組合内での密告を勧め、拷問《ごうもん》と尋問をくり返して、一四八三〜九八年におよそ二〇〇〇人のコンベルソを焚殺《ふんさつ》、一万数千人をほかの刑に処しました。

カスティーリャとアラゴンでは一五世紀中に約二五～三〇万人ものユダヤ人が改宗してコンベルソになっていたのですが、ほんのささいな飲食方法のちがいや祈りのしかたなどが、隠れユダヤ人の証拠とされたのです。

このカトリック両王の時代は、分裂を乗り越えて国家統合したスペイン栄光の時代ですが、同時に不幸の始まりでもありました。それはこの新生王国が、もともとのキリスト教徒しか国民と認めない、純血イデオロギーと結びつき、強力になった王権がイデオロギーを実体化するために恐ろしい実行部隊(軍隊、イエズス会、異端審問制)を手足として使ったからです。

歴史的に自分の文化や習俗の構成要素となってきたものを「他者」と言いはり、それを新たな国家的統一、ついで新大陸発見・征服のためのエネルギーに変えていく……これも情熱の表出のひとつの側面かもしれません。

第3章

スペイン黄金世紀

――16・17世紀前後――

コンキスタドールらを護《まも》る聖母マリア

一六世紀から一七世紀にかけての時代は、スペインにとっての「黄金世紀」であり、「太陽の沈まぬ国」として世界に君臨しました。スペインがポルトガルとともに一五世紀後半に始まった新航路開拓にいち早く参入し、アメリカ大陸に植民地を築いて富と資源を本国にもってきたことが勝因でした。

見知らぬ土地への冒険の魅力

一四九二年は、スペインにとって非常に重要な年でした。そのひとつはすでに述べたグラナダ陥落によるイベリア半島統一ですが、もうひとつは、イサベル女王が援助して行われた大西洋を西進する航海で、コロンブスがアメリカ大陸——実際はハバナ諸島のひとつ——を「発見」したことです。八〇〇年近くにわたる「内戦」を終息に導いたカトリック両王は、海外にまで領土を押し広げていったのです。

もちろんこの敬虔《けいけん》なる王たちは、領土欲のみにかられて海外進出に邁進《まいしん》したのではなく、レコンキスタ（再征服）がそうであったように、このコンキスタ（征服）をめざす新天地にキリスト教を布教することこそ神の意志にそうことになる、との信念がありました（図3-1）。

いずれにせよ、その後、スペインそしてポルトガルの冒険家たちが陸続《りくぞく》と新大陸に進出して新たな開拓にはげむことになります。カスティーリャのカラベラ船——二～四本マストの速い小型帆船《はんせん》——はポルトガルの船と大洋で争い、教皇の仲裁した一四九四年のトルデシリャス条約で、カーボ・ヴェルデ諸島の西三七〇レグア（約一七七〇キロメートル）の南北経線を境界に「東をポルトガル、西をスペインが領有する」と定められました。女王は大西洋を越えた開拓地と新たな通商を始め、一五〇三年にはセビーリャに植民地事業の中枢《ちゅうすう》機関であるインディアス通商院を設立しました。

3-1　三大陸上の十字架が，カトリック両王の世界への宣教の使命を示す

新大陸発見事業では、エルナン・コルテスの遠征軍が一五二一年にアステカ帝国を、一五三三年にはフランシスコ・ピサロの遠征軍がインカ帝国を征服したことがよく知られています（図3-2）。これらの遠征事業では、王室と個人ないし集団との協定にもとづいて経費と利益を分配しました。首尾よく征服に成功した者は、鉱石や真珠《しんじゅ》のほか、

土地、公職、特権、称号なども手にしました。

これに参加した冒険家たちはどんな人たちだったのでしょうか。彼らも金銀など富を追求するのみではなく、カトリックの教えを広めることも念願していた敬虔な人間でした。

カスティーリャでは長子限嗣相続制《ちょうしげんしそうぞくせい》（長男が全財産を相続する制度）が確立していたので、貴族家系の次男以下の男子は新天地での成功にあこがれ、騎士物語の登場人物さながらに栄光を手に入れようと冒険家になりました。そして貴族のうちでも貧しい郷士《ごうし》（イダルゴ）階級が、探検・征服に中心的役割をはたしました。退屈している ならず者たちも多く参加しました。一六世紀には約二四万人が海を渡ったといいます。その多くはエンコミエンデロ（次項参照）、官吏、聖職者、鉱山経営者、商人、職人、農民などとして入植・定住しました。

国王への不変の絶対的忠誠心をもってつねに忠勤にはげむ、カトリックの教えを世界に広めて神に奉仕する、そして聖母マリアや聖ヤコブの守護の下、領土を獲得して国王につかえる、こうした壮大な夢想に皆が燃えていました。

3-2　ピサロ

しかし同時にそこには名誉追求という側面もありました。コンキスタドール（征服者）らは幾多の困難に遭遇しましたが、危機に際して「名誉なく生きるより名誉とともに死ぬほうがましだ」というロマンセ（物語詩）にある言葉を部下たちに向かって述べたということです。

コルテスやピサロをはじめとするコンキスタドールは、新天地で実際に金銀財宝を発見して、スペインばかりかヨーロッパ中にセンセーションを巻きおこしました。一五四五年に発見されたペルー副王領（現在はボリビアに含まれる）のポトシ銀山は、その後精錬法《せいれんほう》の新たな発明もあり、一六六〇年代までに一六〇〇万キログラムという莫大《ばくだい》な量の銀をセビーリャに届けたのです。金も一八万五〇〇〇キログラムほどとれました。新大陸には黄金にあふれた「エルドラード」という理想郷があると、多くの人が信じるようになりました。

メキシコ、ペルー、ボリビアなどからの大量の銀の流入によってヨーロッパで価格革命がおき、物価上昇、商工業の発達、領主層の没落を招きました。またそれまでヨーロッパになかった食物（トマト、トウモロコシ、ジャガイモなど）がヨーロッパの食文化を一変させたことにも注目しましょう。

エンコミエンダ制

では、新大陸での植民地支配における、スペインに特徴的な形態はどのようなものなのでしょうか。まず先住民から収奪した土地経営の特殊な形態、「エンコミエンダ制」があります。

これは一五〇三年二月二〇日のイサベル女王の勅令《ちょくれい》で決まった制度で、スペイン王の臣下となった先住民をキリスト教徒として教育することを探検・征服に功績のあったスペイン人に委託する代わりに、貴金属採掘などの労働に当該先住民を使役《しえき》することを許す、そしてそのために労役に従事させる一定数の先住民インディオが入植者に割り当てられる（この信託を受けたスペイン人の呼称がエンコミエンデロ）、というものでした。インディオの土地所有権は形式的なものにすぎず、特定のインディオ集団の保護と教化の報酬としてインディオからの貢租徴収《こうそちょうしゅう》と労働力搾取《さくしゅ》が認められるという、じつに身勝手な制度です。

この制度が先住民をひどく苦しめました。さらに総督《そうとく》やコンキスタドールらに領土獲得と土地経営が委ねられたので、スペイン人同士で争いあうこともありました。エンコミエンダ制は、当初ハイチをはじめとする島嶼《とうしょぶ》部から始まったのですが、南アメリカ北部、ついで中央アメリカからさらにメキシコにまで広がっていきました。

アメリカが征服されるとすぐに托鉢《たくはつ》修道会が修道士らを送り出し、宣教に努めました。とくにメキシコがその目標地域になりました。フランシスコ会、ドミニコ会、アウグスティノ会が入りこみ、教会や伝道所を設置、教区組織を導入してヨーロッパ文明を広めていったのです。またイギリスやオランダ、フランスなどの植民地経営者とはちがい、彼らスペインの冒険家は一財産築いて故国に錦《にしき》をかざるのではなく、移住して土地を獲得しそこに御殿《ごてん》を建てることをめざし、先住民とも積極的に結婚して、子孫がメスティーソ(白人とインディオの混血者)になることをためらいませんでした。実際それがインディオの宗教的・文化的な教化につながる面もありましたし、土着文化とカトリック文化の混淆《こんこう》した興味深い文化を生み出してもいます。

情熱的な冒険者たちが夢を求めておもむいた新大陸ですが、善意の福音《ふくいん》伝道のかたわらで大きな「過《あやま》ち」が犯されたことも、言いそえておかねばなりません。そもそもエンコミエンダ制は現地人には不条理な制度でしたし、ペルーやメキシコの征服過程で、すばらしい古代文明が破壊され、おびただしい先住民が虐殺《ぎゃくさつ》されてしまいました(図3-3)。

鉱山での重労働で命をすりへらしたインディオも数知れません。征服前の人口約一一〇〇万人が、一六〇〇年には十分の一以下に激減していたのです。「偶像崇拝にふける野蛮《やばんじん》人たる先住民は、高徳で教養あるヨーロッパのキリスト教徒に当然支配されるべきだ」という理屈は、傲慢《ごうまん》なキリスト教至上主義、ヨーロッパ至上主義にほかなりません。インディオの奴隷《どれい》化は神

3-3　スペイン人に虐殺される先住民

学者らが抗議してイサベル女王もそれを受け容《い》れ、一五〇〇年に禁止されたのですが、「残忍な習慣をもつインディオは例外」とされたため、いくらでも抜け道がありました。

ラス・カサスの告発

こうした蛮行《ばんこう》に敢然《かんぜん》と立ち向かったのが、「インディアンの父」「インディオの使徒」とよばれるバルトロメー・デ・ラス・カサス（一四八四～一五六六年）というスペイン人聖職者です。彼は『インディアスの破壊についての簡潔な報告』（一五五二年）という書物のなかで、四〇年の間に男女・子どもあわせて一五〇〇万人を下らない先住民がキリスト教徒の暴虐《ぼうぎゃく》なしうちで命を奪われた、と告発しています。そしてそのやりかたを次のように記しています――

「（エスパニョーラ島について）キリスト教徒はインディオの身体を一刀両断にしたり、一太刀で首を斬りおとしたり、内臓を破裂させたりしてその腕を競いあい、それを賭《か》け事にして楽しんだ。母親から乳飲み子を奪い取り、その子の足をつかんで岩に頭を叩《たた》きつけたキリスト教徒たちもいた。また、大笑いしながらふざけて、乳飲み子を仰向けに川へ投げおとし、乳飲み子が川に落ちると、『畜生、まだばたばたしてやがる』と叫んだ者たちもいれば、嬰児《えいじ》を母親もろとも剣で突き刺したキリスト教徒たちもいた。彼らは目の前にいたインディオ全員に、そのようなひどい仕打ちを加えたのである」(ラス・カサス『インディアスの破壊についての簡潔な報告』染田秀藤訳、岩波文庫、二〇一三年)。

ラス・カサスの記録はかたよっていて資料的価値はないと批判する人もいますが、多少大げさであっても、征服者たちが従軍ドミニコ会士らによって祝福されながら大虐殺をくり返したことは疑いなく、免罪《めんざい》しようがありません。コルテスやピサロのような著名なコンキスタドールの陰には無数の小コンキスタドールがいて、先住民の虐殺、略奪をしていたのでしょう。

ですがエンコミエンダ制の廃止を説き、インディオの人間的なあつかいを主張するラス・カサスの理想は徐々に広まり、大学・宮廷・政府などの知識人・エリートは活発な議論をくり広げます。そして一五四二年には、インディアス新法が成立して先住民の奴隷化が禁止され、またエンコミエンダ制廃止が決められました。

その後、エンコミエンデロの反発でゆりもどしがおきますが、インディオ奴隷制は一五六〇年代までには実質的に消え、彼らは国家がその労働を管理する賃金労働者になっていきます。

3-4　サトウキビ栽培に酷使される黒人奴隷

　そのかわり、セビーリャからアメリカへはアフリカの黒人奴隷が大量に輸出されつづけました。彼ら黒人にはインディオのような人間としての権利は認められず、家内奴隷や手工業のほかサトウキビ栽培、牧畜などに酷使《こくし》されたのです（図3-4）。

太陽の沈まぬ国の形成

　黄金世紀の政治・外交はいかに推移したのでしょうか。まずは一六世紀から一七世紀初頭までを眺めてみましょう。

　一五〇四年にイサベル女王が亡《な》くなると、連合王国のうちカスティーリャ＝レオン王国の王位が、狂気におちいっていた次女フアナに転がりこみました。フアナに統治能力がないため、イサベルの遺言でイサベルの夫フェルナンド――彼はずっとアラゴン連合王国国王でした――が代理統治を始めます。

　しかしフアナの夫でハプスブルク家出身のブルゴーニュ公フィリップ（フェリペ）美公の画策が効を奏し、フェルナンドは新大陸からの収益折半を条件にカスティーリャから去り、一五〇六年、議会による承認を得て、ファナがカスティーリャ＝レオン女王、フェリペが王配《おうはい》（女王の配偶者）になり、共同統治することになりました。ところが数か月後フェリペは急死し、枢機卿《すうききょう》ヒメネス・デ・シスネロス（一四三六～一五一七年）を議長とする貴族評議会が統治を担《にな》うことになりました。

さらにアラゴンにもどっていたフェルナンド王が一五一六年に死去すると、ファナとフェリペの息子でフランドルで養育された長男カルロスがブリュッセルの宮廷で「スペイン王国」の国王たることを宣言し、翌年、あとをつぎにスペインにやって来ました（カルロス一世、のち神聖ローマ帝国皇帝となりカール五世、在位一五一六～五六年）。ハプスブルク王朝のスペインの誕生です。

フランドル生まれで幼くしてブルゴーニュ公にもなっていた彼は、自分はスペイン（カスティーリャ）人などではないとうそぶいていましたし、まわりをかためた近臣も皆ブルゴーニュの家臣であったゆえに国民に嫌われて反乱がおき、それが三年間つづきました。

加えて、一五一九年にはカルロスが神聖ローマ皇帝に選ばれたため摂政《せっしょう》が任命され、皇帝自身はますますスペインに不在がちになりました。王室経費をまかなう目的でのコルテス（議会）召集とそこでのさらなる上納金可決が都市民を怒らせ、財政改革や伝統的な国制・都市特権擁《よう》

3-5　フェリペ２世

護《ご》をめざすコムニダーデスの反乱(一五二〇～二一年)がおきました。この反乱はトレド、セゴビアなどから北部カスティーリャへと拡大して、コレヒドールや都市支配者が追放されました。しかし貴族や法曹《ほうそう》関係者が国王支持にまわったこともあり、この反乱はまもなく鎮圧《ちんあつ》されました。

カルロスはフランスと戦い(一五二〇年代)、トルコとも干戈《かんか》を交え(一五三〇年代)、一五四〇年代から五〇年代にはカトリックに対して勢力を増してきたプロテスタント対策も待ったなしでした。こうした戦争・秩序維持のための出費は巨額にのぼり、ドイツ人、ジェノヴァ人、フランドル人、スペイン人などの銀行家から借金をくり返すも、財政破綻《はたん》は時間の問題でした。

カルロスは一五五六年、スペイン王位を息子フェリペに譲り、神聖ローマ皇帝位は、カルロスの弟のフェルディナントがつぎました。バリャドリッドで生まれカスティーリャ語を話すフェリペ二世(在位一五五六～九八年、図3-5)は、父よりもスペインに根ざした統治者でした。

フェリペはカスティーリャとアラゴンを二つの国として区別しつつも中央集権をおし進めました。彼は宮廷・政府をバリャドリードとトレドからマドリードに移し(一五六一年)、一五六

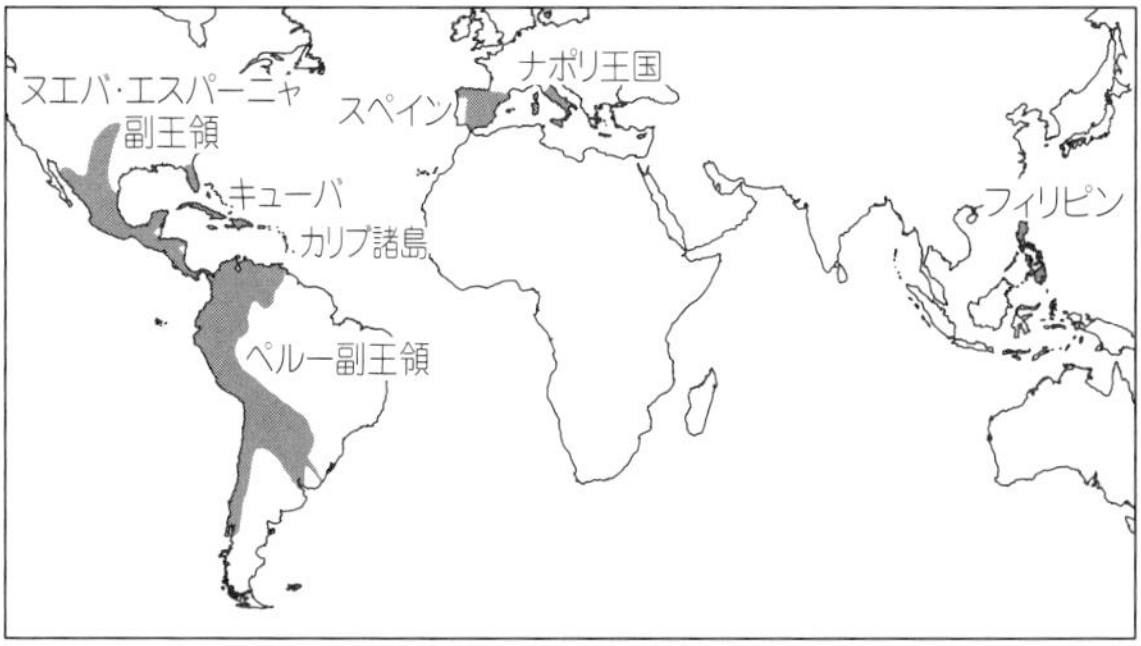

地図 3-1　黄金世紀のスペイン帝国(灰色の部分)

三~八四年にはその北西部に、教会と修道院、霊廟《れいびょう》と図書館をかねた巨大なエル・エスコリアル宮殿を絶対的な王権のシンボルとして建立《こんりゅう》しました(口絵6)。

彼の統治はヘゲモニーをヨーロッパにおよぼすため、自国をカトリックの盟主《めいしゅ》と位置づけるものでしたが、そこにはカトリックを広めるという宗教的もくろみ以外に、領土拡張計画もひそんでいました。フェリペ二世時代は、たえざる戦争の御代《みよ》にしてスペイン黄金世紀の頂点でした(地図3-1)。

一五七一年、フェリペはレパントの海戦でオスマン帝国に勝利しました(口絵26)。また後継者問題にゆれるポルトガルにはアルバ公のひきいる軍を侵入させ、ポルトガル議会から後継者と認められてポルトガル王位を手に入れ、一五八〇年に両王朝統合が成りました。

これによりフェリペ二世はイベリア半島全域に支配権を広げ、そのうえポルトガル領の海外植民地(ブラジルおよびアフリカ・アジアの植民地)をも手に入れたのです。スペインは、まさにつねにその帝国領土のどこかに太陽が昇っている「太陽の沈まぬ国」になったのです。

オスマン・トルコをくじいて地中海を支配したフェリペ二世は、ついで独立をめざすオランダ(ネーデルラント)を押さえることに傾注《けいちゅう》します。しかし、イギリスがオランダの後ろ盾《だて》になっていたことから、これは非常に厄介でした。

一五六六年に宗教裁判廃止と全国議会召集を求める貴族たちの運動から始まった「オランダ独立戦争」は、二年後、ドイツに逃れていたオラニエ公ウィレム一世が率いる反乱がおこるや明らかに宗教戦争の様相を呈《てい》し、のちに「八十年戦争」ともよばれて一六四八年までつづきました。途中一五七九年にはネーデルラント北部七州がユトレヒト同盟を結成し、八一年にはオランダとして「独立」を宣言しています。

フランス国王アンリ二世の娘エリザベト・ド・ヴァロワと結婚していたフェリペ二世はフランス内政にも干渉《かんしょう》し、仏王にプロテスタントがつくのをさけるためにリーグ(カトリック同盟)に肩入れしましたが、自分の娘をフランス王位につける野心は満たされませんでした。

イギリスとは長らく同盟を模索していたのですが、イギリスがオランダを支援して軍を派遣したり、反カトリックの旗幟《きし》鮮明なエリザベス女王が新大陸からスペインへと財宝を運んでくる船を略奪する海賊《かいぞく》行為を許したりしていたので、復讐《ふくしゅう》の挙《きょ》に出ることにしました。

こうして一五八八年の七月から八月にかけて、いわゆるスペイン「無敵艦隊《むてきかんたい》」がおよそ一三〇隻、イギリスに攻め入ろうとして、英仏《えいふつ》海峡でイギリス海軍と干戈《かんか》を交えました。ところが、悪天候で思うように進まず、衝突事故や爆発事故もあって多くの船が進行不能になり、無敵艦隊が屈辱的《くつじょくてき》な敗北を喫してしまいました(アルマダの海戦)。

この敗北は「太陽」のかげりを予兆させるものではありましたが、しかしこれでイギリスが完全に大西洋の覇権《はけん》をにぎったわけではありません。組織改革とスペイン艦隊再建によって、なおしばらくは覇権国家スペインの天下がつづきます。

複合君主制の統治体制

このハプスブルク家の皇帝たちの時代(カルロス一世、フェリペ二世、フェリペ三世が統治した一五一六~一六二一年)のスペインは、新大陸に加えて旧大陸でも覇権をにぎりました。また国内では、各地方に幅広い権限の自治を許しながらも、中央の官僚制度を利用して統一王朝の実《じつ》をあげました。

もう少しくわしく解説しましょう。この時代においても、フエロという地方や都市の伝統的特権は健在で、課税権や裁判権も半分以上は王権が介在できず、教会や貴族の手の内に収まっていました。とはいえ王権は周囲の優秀な官僚たちが支えており、高等法院、顧問《こもん》会議、国務秘書官その他の制度も、大学の法学部卒業者(レトラード)が行政官――彼らは同時に貴族でもありました――として効率的運営に努めていました。こうして黄金世紀のスペインは、ヨーロッパでもっとも完成した国家機構をもつことになったのです。

スペインは統一王国というよりカスティーリャ、アラゴン、カタルーニャ、バレンシアなど複数王国の同君連合で「複合王政」――カスティーリャ王はミラノ公やフランドル伯でもあったので、複合君主制と称したほうが正確でしょう――でした。つまりいくつもの王国が、政治・法律・租税《そぜい》・軍隊・貨幣《かへい》などの面でまったく独立し、議会も別々でありながら、おなじ王を戴《いただ》いていていました。

加えて帝国内各地域の諸問題を扱う顧問会議(カスティーリャ、アラゴン、ナバラ、イタリア、ポルトガル、インディアスの各顧問会議など)のさらなる再編や開設により、全体としての統治機構の潤滑《じゅんかつ》な運営を進めました。また秘書局やフンタ(特別委員会)が新たに設置され、国王への権力集中と効率的な政治の確保がめざされました。

カルロス一世(カール五世)と宰相《さいしょう》フランシスコ・デ・ロス・コボスは、バリャドリッド近くのシマンカス城にあらゆる公文書を保管する公文書保管所を確保して、行政がとどこおりなく体系的かつ一貫性をもって行われるようにしました。副王職も増加し、最終的に九つ(アラゴン、カタルーニャ、バレンシア、ナバラ、サルデーニャ、シチリア、ナポリ、ヌエバ・エスパーニャ、ペルー)になりました。王の意向に沿って統治する副王(=大貴族、図3-6)を連合した各王国にすえることで、地方行政の活発化と王による中央集権化の双方を実現しようとしたのです。

3-6　ペルー副王のドン・ルイス・デ・ベラスコ

経済の消長

こうしてスペイン王国が成立し、一五八〇年代まではカスティーリャにおいては統治の安定とともに経済が発展、人口もふえて都市が成長していきました。

たとえばセゴビアやクエンカなどカスティーリャ中央部の諸都市では、毛織物工業が問屋制を用いて活況を呈しました。ほかにもコルドバの皮革《ひかく》、コルドバおよびトレドやバレンシアの絹《きぬ》織物、トレドの武具、グラナダやレバンテの生《き》糸《いと》生産などが有望でした。

外国との取引の中心地は羊毛の輸出基地であったビルバオとセビーリャで、後者ではジェノヴァ商人が大活躍し、新大陸との貿易は王権に守られたセビーリャ大商人が独占していました(口絵27)。また、鉄鉱石に恵まれたバスク地方ではビルバオを中心に製鉄業が振興《しんこう》しました。

農業面では、小麦生産を増加させるための開墾《かいこん》が進み、オリーブや葡萄《ぶどう》栽培もさかんになり、ワインやオリーブ油はインディアスに向けて運ばれ販売されました。しかし、もうかったのは一部の富農のみで、耕地不足や小作条件の悪化、重税などで小農は没落、あまつさえ一六世紀末期には疫病《えきびょう》・飢饉《ききん》が多発して人口が減少し、村落共同体の荒廃が進みました。

さらに一六世紀末には外国産の安い織物との競争ができなくなって織物業が後退します。たしかに新大陸からの富は流入しつづけたのですが、それはただ消費されるだけで、インフラ整備や産業振興に役立てられることはありませんでしたし、工業は生産性が低いままで、王室さえ窮乏《きゅうぼう》をかこっているありさまでした。

野心的外交・海外進出に大金を使いつづけたカスティーリャは、王室による課税、負債、財政危機が構造化していき、一五九六年には破産してしまいました。

また後述のように、一六世紀半ばからモリスコ(キリスト教に改宗したモーロ人)をさいなみ、税金増額など待遇を悪化させ、異端審問所《いたんしんもんじょ》が活動を活発化させて財産没収にはげんだことが、グラナダにおけるアルプハーラスの反乱(一五六八~七〇年)などの反乱を招きました。

その後もつづくモリスコ弾圧とフェリペ三世の寵臣《ちょうしん》レルマ公爵《こうしゃく》による追放令実施(一六〇九~一四年)で、アラゴンとカスティーリャからすべてのモリスコ(約三〇万人)が消えてしまったことも、財政的に痛手でした。

このようにスペイン経済は、一六世紀末期から派手な看板の下で多くの難問が増殖し、黄金世紀にも、じつは暗い影が忍び寄っていたのです。

イエズス会と海外布教活動

スペインが黄金世紀を謳歌《おうか》していた一六世紀後半、ヨーロッパのキリスト教世界は、カトリックとプロテスタントに二分していました。そこでカトリック側は、プロテスタントの宗教改革に対抗すべく、聖務日課書やミサ典書を統一したり教義を確定したりするためにトレント公会議(一五四五~六三年)を開催して、体制固めを進めました。こうしたカトリック側の自己刷新の試みを「対抗宗教改革」と称します。

スペインはその対抗宗教改革の尖兵《せんぺい》として、国をあげてカトリック擁護とカトリックによる国づくりを進めていくことになりました。スペイン国王は世俗的な面では教皇から独立してそ

3-7　イグナティウス・デ・ロヨラ

の制約を受けませんが、宗教面ではもちろん教皇の権威は絶大でした。

また（大）司教らの宰領《さいりょう》する教会は、広大な土地と莫大な財産を所有し、一部の大貴族とともに特権階級として民衆を搾取《さくしゅ》していました。多すぎる修道士と修道女、強すぎるカトリック勢力が、近代化を遅らせた要因とも考えられています。

この時代に多くの新たな修道会組織がつくられましたが、対抗宗教改革を支えたもっとも戦闘的な組織がイエズス会です。スペインのバスク地方出身の貴族イグナティウス・デ・ロヨラ（一四九一～一五五六年、図3-7）やナバラ王国生まれのフランシスコ・ザビエル（一五〇六～五二年）らが、一五三四年、さまよえる魂《たましい》たちを救いキリストにつかえる、との決意をしてパリで当会を創始し、一五四〇年教皇パウルス三世から認可を受けました。

イエズス会は布教に関して教皇へ特別な服従を誓ったように、とりわけ教皇への厳格な服従と使徒的活動の熱意によって特徴づけられ、軍隊的な厳しい規律でも知られています。

会のモットーは「より大きな神の栄光のために」で、その修道士は布教家兼良心の指導者、さらには神学・科学の学徒でもなければならない、ということで、修練期間は他の修道会に比べて長く、何年もかけて諸学問をしっかり身につけていきました。神の賛美と神への奉仕および魂の救いのために、ロヨラ作の『霊操《れいそう》』に依拠《いきょ》しながら黙想の訓練をしました。

ところでイエズス会は、日本の歴史、キリシタン史にも大きく関係していることを知っていますか。この会の召命は世界への布教に邁進《まいしん》しカトリック教会につくすことで、アジア、そして日本にもやって来たのです。

立役者はフランシスコ・ザビエルです。ザビエルは一五四二年にインドのゴアに上陸、ポルトガル王権の保護下にインド布教を始め、そこに最初のイエズス会のコレジオ(高等教育機関)を建て、その後一五四九年八月に日本にやって来ました。彼は薩摩《さつま》から平戸《ひらど》、山口、京都などにおもむいて仏僧と宗論を戦わせながら布教に努めました。ザビエル自身は、一五五一年九月に仲間の宣教師にあとを託し、豊後《ぶんご》から日本を去ります。

しかし、一五八七年には豊臣秀吉が伴天連《バテレン》追放令《ついほうれい》を発し、キリシタン大名がイエズス会士に与えていたその所領を奪って追放してしまいます。信仰を禁止されながらも、西日本各地に根強く信者は残り、キリシタンはふえていきました。

こうしたイエズス会の日本布教は、日本ではじめてのヨーロッパ派遣使節を生み出しました。

「天正遣欧使節《てんしょうけんおう》」です。イエズス会巡察師ヴァリニャーノ（彼はイタリア人）の発案でキリシタン大名の名代として四人の少年が選抜され、一五八四年八月ポルトガルのリスボンに到着、そこから陸路でローマに向かいますが、その前にスペイン国王のフェリペ二世とも謁見《えっけん》しました。なお、それから約三〇年後の一六一三年には、仙台藩主伊達政宗《だてまさむね》が徳川家康の許可を得て、スペイン出身のフランシスコ会士ルイス・ソテロ（正使）と支倉常長《はせくらつねなが》（副使）をヨーロッパに派遣し、彼らはスペイン国王フェリペ三世とローマ教皇パウルス五世に謁見したことも覚えておきましょう。こちらは「慶長《けいちょう》遣欧使節」です。

このように、冒険心あふれる布教活動をしたイエズス会はスペイン人を中心に創立されましたが、同時代のカトリック神学界をリードしたのもスペイン人でした。

すなわちフランシスコ・デ・ビトリア（一四八三／八六頃〜一五四六年）やフランシスコ・スアレス（一五四八〜一六一七年）をはじめ、ヨーロッパ各地の大学で指導的役割を果たした聖書学者や神学者・法学者をスペインは数多く生み出し、カトリックの護教論《ごきょうろん》や恩寵《おんちょう》・自由意志問題、あるいは存在論の再考や国際法の理論化などの微妙で奥深い問題に知恵をしぼったのです。

カトリックでのスペイン統一

レコンキスタ完了時、グラナダがカスティーリャに降伏したときの条件は寛容で、ユダヤ人やイスラーム教徒は一定の税金支払いと引きかえに、伝来の宗教・法律・慣習、さらには衣服を認められ、自分たちの地方執政官が統治することまで許されていました。王室はこうするほうが軍事的安定につながり、自分たちの利益にもなると踏んでいたのでした。

しかし数年もすると、狂信的な高位聖職者が異教徒排除に勢いこみます。イサベル女王の聴罪師《ちょうざいし》にしてトレド大司教・枢機卿のシスネロスなどは、わざわざグラナダを訪れて、穏健な立場で教化策を展開していた大司教エルナンド・デ・タラベラを追い落とし、一四九九年、スペイン全土でのイスラーム教徒迫害を始めました。改宗と洗礼を何千人もに強要し、アラゴン王フェルナンドもそうした立場を打ち出したため、反発したイスラームの若者には武力に訴える者もあり、ますます弾圧をあびることになってしまったのです。

モスクは閉鎖、焚書《ふんしょ》(書物を燃やしてしまうこと)も行われ、コルドバの何百という公衆浴場は、「肉欲の沈湎《ちんりん》する魔窟《まくつ》」として門を閉ざされました。一五〇二年にグラナダで、ついでほかの地方でも追放か洗礼かを強要するムデハル改宗令が出されました。約三〇万人のイスラーム教徒は改宗して、カスティーリャおよびアラゴンに留まりましたが、国を捨てた者もおびただしく、商人や職人、知識人、農民、医師などをしていたイスラーム教徒が多数いなくなりました。

カトリック両王の下で、まずユダヤ人が追放されたり強制的な改宗をせまられたこと、そしてカトリックを護持し異分子を排除するために異端審問所が開設されたことは、すでに述べたとおりです。

異端審問所は、当初は隠れユダヤ人との疑いのあるコンベルソの一部を取りしまっていただけでしたが、フェリペ二世の時代からは、キリスト教徒に対する道徳的・精神的統制装置としても暗躍しはじめ、倫理にもとる行為や性的な逸脱《いつだつ》をしたとされる者、高利貸し、フランスやオランダなどの外来思想にかぶれた者などがねらわれました。「異端」としてはプロテスタントにとどまらず、内面純化を求める照明派(後述)、エラスムス主義者などもブラックリストにのりました。

他方でモリスコ(改宗モーロ人)も、この時期の異端審問所の標的になりました。審問官はキリスト教に改宗したイスラーム教徒の内面にまでとどく深いキリスト教化を求めて、アラビア語使用やイスラーム的風俗を禁止するようになりました。反発したモリスコのおこした大規模反乱とその後のモリスコ追放については上に述べました。

フェリペ二世そしてフェリペ三世の時代のスペインでは、モザイク国家ともよばれる複合君主制のバラバラな寄せ集めを、「正しいカトリックの教え」によって内面から統合しようと試みられました。そしてそこから外れた者たちを、徹底的に排除していったのです。

「血の純潔」規約

異端審問所の暗躍を支えたもののひとつに、当時徐々にスペイン社会に浸透していったイデオロギーがありました。「純血」という偏狭《へんきょう》なイデオロギーです。

そもそも当時のスペインは複合君主制で、法律や政治・行政制度、議会、租税、貨幣、軍制などがそれぞれ異なる国々の連合体でした。しかしすべての「スペイン」住民の信仰するのが「キリスト教のカトリック」で、それが純粋な「血」によっても保証されれば、「スペイン」の鞏固《きょうこ》なまとまりと一体性が確保されるのではないか、と考えられたのです。

そこで、ユダヤ人やモーロ人の血を引かないことをさまざまな場面で求める「純血」規約が一五世紀末頃から現れ、一五四〇～五〇年代に一般化しました。それは各地方自治体ごとに定められ、とくに聖堂参事会、兄弟会などの教会関係の団体、そして都市当局、さらに大学、学寮、ギルド(同職組合)で人事の選定材料に使われました。

先述の三つの騎士団に入るためには、純血の旧キリスト教徒でなければならず、けっしてユダヤ人、イスラーム教徒、ないしコンベルソの血が混じっていてはならないとされ、一五世紀末から厳しい審査が始まりました。

「新キリスト教徒」というのは改宗したばかりの者という元来の意味を失い、はるか遠い祖先までさかのぼってみて、ユダヤ人やモーロ人の祖先がいればその範疇《はんちゅう》に入れられるようになりました。イエズス会などはこうしたゆがんだ思想の尖兵として、民衆教化につくしました。

興味深いことに、血の純潔は大地との恒常的接触と結びつけられ、先祖代々大地を耕す農民が純血をもっとも確信できるものとされました。反対に、商人や医者や知識人はユダヤ性を疑われました。だから貴族たちも「自分の祖先は農民なんだ」と言いつのるのに必死になるという滑稽《こっけい》なシーンがあちこちで見られ、農民たちは、ここぞとばかり出自が曖昧《あいまい》な貴族や騎士たちから「名誉」を奪い、自分たちのほうが純血ゆえ名誉もあるのだ、と言いはりました。

先祖を遠くたどってもアラブ人やユダヤ人の血が混じっていない純血を証明するためには、多くの証拠・証人が必要で、詳細な家系図調べがなされました。この証明に血道を上げた田舎貴族たちは——しばしば捏造《ねつぞう》された——家系図や家系の証文を後生大事に保存しましたし、先祖の建てた館がボロボロになってもそこに住みつづけました。純血のみか父や祖父が商人や金融業、当時いやしいとされた仕事をしていなかったかも調査対象になりました。

一七世紀には、まったく信用できない虚偽《きょぎ》の証拠や不正も横行しました。実際にはコンベルソの出身だと考えられる画家のベラスケスが「サンティアゴ騎士団の騎士」になるため、純血の証明に必死になって努力したことはよく知られています。

こうして中世末から近代初めにかけ、スペインではカトリックの純化と血の純化が結合され、社会の遅れをもたらしました。コンベルソやモリスコは社会的恥辱を受け、誇り高い社会から排除されてしまいます。空疎な誇りばかりを追い求め、商業、技術、科学、知識などを軽視してはブルジョワは育たず、学問の進歩もありません。まさに暗い暗い情熱です。

鍋釜《なべかま》に神を見る神秘家

カトリックが絶大な力をもった一六世紀のスペインには、活気を帯びた宗教的情熱に身をささげる多くの人が現れました。

まず一六世紀初頭、フランシスコ会の修道女イサベル・デ・ラ・クルスのもとに、照明派(アルムブラード)とよばれる一派が形成されました。彼らは自己滅却により内面を純化してすべてを神の意志にゆだね、自己の霊が神と直截交《ちょくせつ》わることをめざしました。この運動は新カスティーリャ(一一世紀にアルフォンソ六世が征服したトレド王国の領域で、現在のマドリード州とカスティーリャ・ラ・マンチャ州)の多くの町村に広まりましたが、一五二四年に彼女と弟子のペドロ・ルイス・デ・アルカラスが異端として逮捕され、ほかの弟子たちも連座します。

さらに情熱的な神秘主義は、フランシスコ会のほか同時期のドミニコ会、アウグスティノ会あるいはイエズス会などの修道院を足場としてくり広げられました。神秘主義は異端審問所の監視対象となっていて、一五五九年には関連著作の大部分が禁書目録に入れられたのですが、やがて修道院内でコントロールされる神秘主義はさほど危険がないと判断され、黙認されるようになりました。それからはきわめて多くの神秘主義者が輩出しましたが、なかでももっとも重要なのが、一六世紀後半のアビラのテレサと十字架のヨハネの二人でした。

アビラのテレサ(一五一五〜八二年)の出身は、じつは改宗したユダヤ人のコンベルソでした。しかし敬虔なるキリスト教徒の家系に育ち、自らの希望もあってカルメル会修道院に入り厳しい修行をするにとどまらず、会全体の改革を志します。彼女の働きにより、一五六二年以降「跣足《せんそく》カルメル会」の修道院がいくつも成立しました。これが女子カルメル会の改革運動です。

彼女が自らの神秘体験や改革理想について記した作品が『自叙伝』(一五六七年以前)、『完徳の道』(同)、『霊魂の城』(一五八八年)といった著作群です。魂は修行の過程で神に向かって上昇するのですが、七つの住居を順にたどっていき、そこには神の光が徳性に応じて差しこみ照らしているとされます。またそれぞれの段階での試練、それを克服する手段や心構え、神の花嫁として奪い去られた魂への恩恵などが、日常卑近なわかりやすい比喩《ひゆ》で語られています。とくにおもしろいのは、「鍋釜《なべかま》」のなかにまで神を見ている点で、家事でいそがしく修行が難しい主婦もちゃんと救われるのです。

たとえば『創立史』（一五八二年）第五章には「ですから、娘たちよ、決して気を落としてはいけません。従順によって、外的な務めに携わることを命じられるなら、たとえそれが台所の務めであっても、そこ、おなべ類の真ん中に主はおられることを知りなさい。主は私たちを内的にも外的にも助けてくださるのです」（テレサ・デ・ヘスス『創立史』東京女子跣足カルメル会訳、ドン・ボスコ社、二〇〇五年）と述べています。

高踏《こうとう》的で近づきがたい宗教思想ではなく、身のまわりにあるもののなかに神を見出す思想は、まさに民衆的な神秘主義と称せましょう。また民衆性とともに、個人的情熱がテレサやその周辺の者たち――農婦もいれば職人もいました――を神秘主義にかり立てたのだと思います。聖母マリアや神・キリストにも、まるで親子兄弟のように語りかけ、歌い、頼るような形式を彼女らは個人的につくりあげたのです。

「美しい熾天使《してんし》に何度も矢で心臓を刺し貫かれてそれが内臓にまで届き、激甚《げきじん》なる苦痛を味わいながらも、この上なき快さを感じるのだ」と、神と人との間に交わされる愛のあり方を述べている件《くだり》もあり、神へのたぎるような願望が目をひきます。

十字架のヨハネの場合

つぎに、十字架のヨハネ（一五四二〜九一年）はどうでしょうか。彼は一五四二年スペイン中北部アビラ県にある小さな村に生まれ、少年時代、生活苦のなかで大工、仕立て屋、木彫り職人などの手仕事をし、その後修道士になるためカルメル会に入会しました。

一五六七年、サラマンカ大学で神学を学んでいる途中、三七歳年長のアビラのテレサと出会い、カルメル会改革運動に身をささげます。師のテレサ同様、改革的な「跣足カルメル会」の修道院を次々と建てていきました。そして同会の指導的役職につきますが、路線のちがう敵との争いに巻きこまれ、投獄の憂《う》き目《め》に遭うなど大変苦労しました。

主著とされるのは『カルメル山登攀《とうはん》』『暗夜』『霊の賛歌《さんか》』『愛の生ける炎』です。これらにおいては、自作の抒情詩《じょじょうし》に自ら注釈を付す、という形で神学的な思索を深めています。そして神秘主義の著作によくあるような、魂の霊的経験とりわけ神との合一に向けての上昇過程・段階を描くというより、むしろ純粋な魂の声が記されています。

『霊の賛歌』（一五八四年）では詩人の魂を「花嫁」とし、「花婿」はキリストに擬せられています。そして二人が高いレベルでおたがいに所有しあうまでの霊的な発展の段階と、それぞれの段階での魂の状況、そこに生まれる感情などを、抒情性豊かに描き出しています。

また『暗夜』(一五八五年)では、暗い夜、魂は何も見えずに一人きりだが、その空間で自ら空《くう》無《む》になっていく状態こそが神を迎え入れる状態だとされます。そして神との合一へと向かう道行きにおいては、重要な地点で魂が能動性を放棄して受動的な態度を取ることを求められるのだと説かれています。

魂はそこで神の光に照らされて、自己の醜さに気づいて苦しみますが、その「苦しみ」と「受動」はともにラテン語の pati、スペイン語の padecer という動詞に由来しています。さらにおなじ動詞を語源とする pasión の語は、「苦しみ」あるいはイエスの「受難」とともに、まさに十字架のヨハネの時代から、恋愛などの「情熱」をも指すようになり、彼の作品の使用例においても両方の意味を含んでいます。魂の奥底で深い苦しみを受動的な態度で乗り越えて愛の情熱がわき出し、これが「愛の生ける炎」のイメージで語られますが、それこそ神との合一の段階なのです。まさに「情熱」pasión の神秘主義です。

ですから、十字架のヨハネをテレサとともに「情熱の神秘主義者」とよんでもかまわないでしょう。彼らは生のすべてをかけて、人間的情熱をもって神秘体験をくり返したのです。

しかしどうしてスペインで、こうした民衆的神秘主義、情熱的神秘主義が生まれたのかは、なかなか難しい問題です。理性的で論理を重んじるフランスの宗教家は、官能性には優れていても、激情性は欠けていて、この国はほとんど一人も優れた神秘主義者を生み出していませんし、イギリスも同断です。ドイツやネーデルラントでは中世末から近世にかけて神秘主義者を輩出しましたが、これも理知的・思弁《しべん》的な「冷たい」神秘主義のようです。やはり情熱の国だからこそ、スペインに情熱的な神秘主義が生まれたのでしょう。

ロマンセーロとピカレスク小説

では、スペインが黄金時代に入って海外に飛躍するようになった一五世紀末から一六世紀にかけては、どんな文学作品が書かれたのでしょうか。

甲冑《かっちゅう》と武器の音が鳴り響くこの国では、レコンキスタの聖戦と、騎士道精神がふたつの主要テーマでした。中世にあったガリシア語やポルトガル語の恋愛抒情詩はすたれていき、かわりに「ロマンセーロ(ロマンセ集)」とよばれるジャンルに属する騎士道物語が栄えました。

中世スペインの武勲《ぶくんし》詩の最高傑作が『わがシッドの歌』であることは前章に示しましたが、こうした武勲詩が人口に膾炙《かいしゃ》し、民衆たちの記憶のなかで反芻《はんすう》し攪拌《かくはん》されて他のさまざまな要素をとり入れて大きくふくらみ、色彩性・音楽性・リズムによって感情を喚起していくようになって「ロマンセーロ」が誕生しました。そして一五世紀末から一六世紀前半にかけて、安価で粗悪な紙・製本の印刷本で広まっていきました。

初期ロマンセーロの代表作は『ティラン・ロ・ブラン』(一四九〇年)というカタルーニャ語作品で、今ひとつはカスティーリャ語の『アマディス・デ・ガウラ』(一五〇八年)です。『ティラン』では、当時のスペインの社会生活が写実的に描かれているのが新しい特徴です。一方『アマディス』は、優雅な騎士の冒険と恋愛譚《たん》で、新大陸に旅立つ人びとに影響を与えたといわれています。ロマンセーロは民衆にとっても貴族にとってもいとも心地よい文学ジャンルになり、一六・一七世紀の演劇や小説のテーマとしてとり入れられました。

ほかにこの時代にはいわゆる「感情小説」とよばれるジャンルが、宮廷の貴婦人たちの間で人気を集めました。微妙な心理の動き、悲しみ、憂愁《ゆうしゅう》、嫉妬《しっと》、苦悩、よろこびなどのもろもろの感情の機微にわたって、騎士や王女の愛のかけひきが微細に描かれます。

感情小説は一五世紀末になって相次《あいつ》いで世に出ますが、そのうちもっとも重要な作品が、フェルナンド・デ・ローハスの『ラ・セレスティーナ』(一四九九/一五〇二年)です。

貴族のカリストは、逃げた鷹《たか》を追ううちに、ある邸館の庭に入りこんで高貴な家柄の美少女メリベーアに一目ぼれします。そこで売春宿を経営する妖術使いの取りもち婆《ばば》(セレスティーナ)に逢瀬《おうせ》できるよう頼んだのです。若い男女が名誉やしきたり、結婚という手枷足枷《てかせあしかせ》をかなぐり捨て、神をもおそれぬ自由恋愛に身を投じますが、強欲な従者や使用人らの裏切りと犯罪がからみ、偶然の不運もあって、登場人物らがもがき苦しみながらつぎつぎ死んでいくという、運命的な愛と死の物語です。身も心も愛の情熱のとりこになった男女の姿が出版直後から大人気になり、一七世紀にかけて何度も再版され、模倣作も現れました。

カルロス一世の時代(一五一六〜五六年)にもうひとつ新たなジャンルが生まれました。リアリズムによる社会風刺「ピカレスク(悪漢)小説」です。「ピカロ」という下層民で悪知恵のみ働かせて生きのびるタイプのアンチヒーローが主人公なのですが、成りあがったと思えば落ちぶれるのも早い小貴族たちも、下層民と肩を並べて登場します。裏社会で暗躍する者や厳しい状況下でたくましく生き抜く人びとの処世術、悪知恵、一挙一動をかざらない言葉で細かく描いています。ただスペインの「ピカロ」は、悪漢ながらも「名誉」を重んじるのが特徴です。

『ラサリーリョ・デ・トルメスの生涯』(一五五四年)とマテオ・アレマンの『グスマン・デ・アルファラチェ』(一五九九年)などがピカレスク小説として有名です。一六世紀末から一七世紀前半に、より本格的なブームを迎えました。

国民文学としての『ドン・キホーテ』

黄金世紀の半ばに登場した世界的傑作のスペイン文学が、ミゲル・デ・セルバンテス（一五四七～一六一六年）の『ドン・キホーテ』です。第一部が一六〇五年に、そして第二部が一六一五年に出版されました。

騎士道小説にはまりすぎて頭がおかしくなり、妄想にとりつかれた主人公アロンソ・キハーノ。彼は遍歴の騎士になって世の不正を矯《た》め、弱きを助けようと意気ごみます。そして、近くに住む農民サンチョ・パンサをしたがえ、やせ馬ロシナンテを愛馬にしたて旅立つのです（図3-8）。もちろん思い人たる高貴な姫も欠けてはおらず、村娘アルドンサが、ドン・キホーテの夢想のなかではあこがれの貴婦人です。

3-8　ドン・キホーテとサンチョ・パンサ

本書はまさに民衆文学＝国民文学で、セルバンテスはインテリ的なる、あるいは権力者的なる規

範や拘束から離れて、文学的自由を得るために民衆のところに降りてゆきました。それができたからこそ、身分・階級や知的レベルを越えたかざり気のない文体と表現で、人間の生の滔々《とうとう》と流れゆくダイナミックな姿を、感情のひだにまで分け入って描き出せたのでしょう。

ここには深い憂愁とともに心底からの笑いもあります。読者の共感をよぶ透徹した人間洞察は、セルバンテスの情熱と切り離せず、それは彼がコンベルソの家系出身であったこととも関係していると考えられています。

古典演劇の開花

一六世紀も末近くになると、スペインには内政外交とも問題山積でしたが、そのために文化活動が衰退《すいたい》するわけではありません。これはスペイン史に限りませんが、政治史と文化史の流れには「ズレ」が発生することがむしろふつうなのです。次項以下では、建築・彫刻・絵画芸術がいかに一七世紀前後に頂点に達したかを述べるつもりですが、文学もまたそうでした。

その晴れ舞台は「演劇」というジャンルです。演劇は気の利《き》いた言葉のやりとりの喜劇で人気を博した一六世紀中頃のロペ・デ・ルエダがその基礎をすえ、フェリペ三世とフェリペ四世の時代(一五九八〜一六六五年)に最盛期を迎えました。そして黄金世紀の劇作家たちは、高度の文学的テクニックと知識を動員しながらも、筋書きのおもしろさを第一にし、台詞《せりふ》も工夫して魅力的なできばえになるよう努めました。

後世に名を残した劇作家の筆頭は、ロペ・デ・ベーガ(一五六二～一六三五年)で、三一致の法則(プロット、時、場所の制約)にしばられた古典演劇から離れ、メインプロットとサブプロットの入れ子状の構成にしたり、宗教的要素と世俗的要素がないまぜられた新しい演劇を大衆演劇として呈示《ていじ》して大人気になりました。『ペリバーニェスとオカーニャの騎士団長』(一六一四年)、『フエンテ・オベフーナ』(一六一九年)、『国王こそ無二の司法官』(一六二〇～二三年頃)などをはじめ、八〇〇ともいわれる数の作品があります。そのうちの多くが、彼があらゆる人の心をゆさぶると信じた「名誉」をメインテーマにしています。

ついでティルソ・デ・モリーナ(一五七九～一六四八年)は、ロペからそのテーマ(愛、名誉、信仰、復讐《ふくしゅう》)を借り受け、またたくみなプロットとストーリー、舞台変化、心理描写、人物の動き、言葉づかいの組みあわせなどで脚色し、楽しくかつ学べる演劇にしました。ドン・ファンを描いた作品の『セビーリャの色事師《いろごとし》と石の招客《しょうきゃく》』(一六二五年頃)がもっともよく知られていますが、ほかにも多くの歴史劇、宗教劇、喜劇・風俗劇があります。

そしてより重要なのがカルデロン・デ・ラ・バルカ(一六〇〇～八一年)という劇作家です。高峰の連なる黄金世紀文学の頂点に位置し、スペインの民衆の心意を象徴する文学者だと評価されています。カルデロンもロペの新しい演劇をよりおし進めようとし、一層の文彩・喩法《ゆほう》を駆使して複雑で緻密かつ華麗な文体をつくりあげ、感覚に訴える効果のある台詞選びをしました。『人生は夢』(一六三六年)、『世界大劇場』(一六四五年)などが代表作で、一一〇編以上のコメディア(三幕物の戯曲《ぎきょく》)と、約八〇編の聖体劇、さらに別ジャンルの作品をいくつか残しました。

カルデロン作品でも、「名誉」はもっとも高く称揚される価値でした。彼は『サラメアの村長』の主人公クレスポをして、「財産と命は王にささげます。しかし名誉は魂の資産、そして魂はただ神のもの」と発言させています。おなじく『名誉の医者』(一六三七年)では、無実の妻でさえ、名誉・世間体が失われそうなときには夫は裁き殺さねばならない、体面への汚点を血で洗い流すのだ、と言っています。名誉のためならなんのためらいや妥協もなく殺人を犯しても構わない。まるで名誉はあらゆる法を超えているかのようです。

つまり神と自分の魂のみが名誉を判断する審判なのであり、王であれ、上長であれ、社会であれ、個人の名誉を侵害できないことを文学でも確認しているのです。理性に打ち克《か》つ情熱と言いかえてもよいでしょう。

名誉は愛、信仰と並んで、黄金世紀スペイン演劇の三大テーマのひとつでした。

奇知主義と文飾主義

一七世紀スペインの文学作品は、言葉の超絶技巧が腕くらべをしています。ギリシャ語・ラテン語の学識の応用はもちろん、日常語や卑語《ひご》、さまざまな喩法やイメージを使いこなし、対照法・並列法・言葉遊び・パラドクス・省略法・曖昧語《あいまいご》・多義語で華美にかざり立てるのです。

スペイン・バロック時代を代表する作家として名高いフランシスコ・デ・ケベード(一五八〇〜一六四五年)やイエズス会修道士の著作家バルタサール・グラシアン(一六〇一〜五八年)が代表する手法に奇知主義(コンセプティスモ)があり、これは劇作家たちにも受けつがれていました。

グラシアンは『犀利《さいり》(アグデサ)と才知の術』という奇知主義の手引き書を一六四七年に書き、文字・音節・品詞の入れかえ、照応や均衡《きんこう》、あやつりの技法を解説しています。

ケベードのほうは、その作品を機知あふれる文体でかざり、娼婦《しょうふ》や囚人、破廉恥《はれんち》な学生などを登場させて社会の悪弊《あくへい》、人間のみにくさを深く洞察しながら描いていますが、同時にブルジョワの進取の気性・知識・技術などを呪って、古い貴族の保守的・伝統的価値観をもちあげているのが特徴です。

超絶技巧がさらに進んだのが、詩人ルイス・デ・ゴンゴラ(一五六一〜一六二七年)に代表される文飾主義（クルテラニスモ）あるいはゴンゴリスモです。ゴンゴラは自然や社会を写実的に描くかわりに、神話・伝説などを換骨奪胎《かんこつだったい》しました。また恋人たちやその心根の究極の美を文体で実現しようと、難解な隠喩《いんゆ》、倒置法、新語を使い、天と地、肉体と魂、自由と束縛《そくばく》などの両極端の対照を描いています。さらに色彩感や音楽性・リズムなど表現はきわめて多彩です。『ポリフェモとガラテアの寓話《ぐうわ》』（一六一二年）や『孤独』（一六一三年）などが代表作として知られています。

奇知主義や文飾主義を自家薬籠中《じかやくろうちゅう》のものとして、日常から離れた仰々《ぎょうぎょう》しい言葉づかい、豊かな詩的表現と調子高いリズミカルな韻律《いんりつ》を駆使《くし》し、極彩色の豪奢壮麗《ごうしゃそうれい》なる言葉のバロック建築にしあげたのが、上述した劇作家のカルデロンでした。

本項で紹介したのは、まさに複雑怪奇な文学世界が実現する誇張表現を得意とした作家たちなのですが、この誇張は、分析し推論する理性に導かれた論理や秩序ではなく、生のままに枝葉がのび広がり繁茂する、情熱の表現形式なのです。

コンベルソの文化創造力

スペイン黄金時代の文化を創造した担《にな》い手の多くは、じつはコンベルソでした。いくら「純血」なカトリック教徒の王国をつくろうとしても、そもそも純血というもの自体が幻想ですし、ユダヤ系のキリスト教への改宗者（コンベルソ）は、見かけはほとんど旧キリスト教徒と区別できませんでした。

しかしそのことを隠しながら、自分の優越性や栄光の由来を深く信じて社会生活を送っている者たち自身の内面では、人知れず精神の化学変化がおこっていたのです。

『ラ・セレスティーナ』の作者フェルナンド・デ・ローハス、ピカレスク小説や牧人小説作者の多数、人文主義者として知られるファン・ルイス・ビーベスやルイス・デ・レオン、思想家ゴメス・ペレイラ、神秘主義者のアビラのテレサや十字架のヨハネ、照明派のうちかなりの人々、作家のセルバンテス、マテオ・アレマン、ビトリア、「インディアンの父」ラス・カサス、画家ベラスケスなどが、コンベルソ出身だと考えられています。

こうしたコンベルソ出身者が独創的な文化をつくりえたのは、外からの冷たくゆがんだ目にさらされて潜在的差別に苦しむ彼らが、たとえ本心からキリスト教徒になっても、外的な儀礼や慣習には興味を示せないために内面に沈潜《ちんせん》し、どんな状況でもゆるがない自己の固有の存在性を表現できたからなのでしょう。

生の存在の深みからしぼり出された、情熱の言葉やイメージが、自分を取り巻く矛盾に満ちた社会を壮麗なるつづれ織りとして現出し、新時代を切りひらいていったのです。コンベルソたちが旧キリスト教徒の暗い情熱に囲まれて、受苦することで目覚ましい創造が可能となったとするなら、異文化交流のなかにも情熱の苗床《なえどこ》がある、ということになりましょう。

スペイン・バロックの装飾性

スペインではルネサンスらしいルネサンスは存在しませんでした。というのも、他のヨーロッパ諸国でルネサンスまっさかりの一五・一六世紀にも、スペインでは中世そのままの厳格なカトリック教義と荘厳《そうごん》な儀礼を押しつける教会の力が非常に強かったために、古代ギリシャ・ローマ文化の復興や個人の才覚の自由な開花が望めなかったからです。

ところがスペインには、芸術における土俗的・民俗的リアリズムや、ユダヤ、イスラームとキリスト教との融合、さらに神秘や幻視への志向という別の特性がありました。一七世紀を中心に独特なバロック美術がスペインに栄えたのはそのためです。このバロック美術が繁栄した時期は、上に見た、文学世界における古典演劇の最盛期とほぼ一致していました。

それではスペインのバロック建築にはどんな特徴があるのでしょうか。F・チュエッカの『スペイン建築の特質』によると、スペインのバロック建築は、他国に見られるような波打つ壁面の運動や明暗のコントラストを追求するバロック、焦点・奥行き感・透視画法に注意し統一への意志をこめた流動性を旨《むね》とするバロックではありません。

「ムデハル主義」(マヌエル様式やプラテレスコ様式)にこだわって、ボリューム(量塊《りょうかい》)重視の重厚にして厳格な壁面を、平面的かつ濃密豊饒《ほうじょう》なる装飾で包みこんでいったのです。グラナダのアルハンブラ宮殿やコルドバのメスキータとの親近性をとどめ、アラブ世界・ユダヤ世界との長年にわたる交流なしには考えられないのが、スペイン・バロック建築なのです。

それらには水平方向と垂直方向、双方に向けた非連続的な分節空間や飛び出し空間があり、天井も層を成しています。さらにボリュームが相互に入り組みつつ寄り集まることにより、複雑にして多様な形態が生み出されています。しかしその形の基本はつねに直方体ないし多面体で、他国のバロックのような丸みをおびた線にはならないのです。内部は洞窟《どうくつ》や鍾乳洞《しょうにゅうどう》よろしく、あるいは繁茂《はんも》する植物に似て、分泌物《ぶんぴつぶつ》が結晶し、生命体が成長していくかのような感覚に囚《とら》われます。これは現代建築のガウディにも受けつがれています。

スペイン・バロックの聖堂の内部は、思う存分に表面装飾がなされます。唐草《からくさ》模様や花かざり、うずまき模様、さらには貝殻や綱具《つなぐ》・錨《いかり》などが、石の彫りの上にさらに金銀細工でかざり立てられています。窓や入り口といった開口部の周囲やそれらをつなぐパーツ、祭壇とその周囲がとりわけ派手やかにかざられました(口絵4)。

こうして次々建設されたスペイン・バロック建築の傑作には、グラナダの王室礼拝堂、サンティアゴのロス・レイエス・カトリコス施療院など王室に関わる施設のほか、とてつもなく豪快な双塔を備えたトレドにあるサン・フアン・バウティスタ教会、ペドロ・デ・グミエルがシスネロス枢機卿に依頼されて建てたアルカラ大学などがあります。またサラマンカのサン・エステバン修道院のファサード(正面のデザイン)には、プラテレスコ様式の傑作が見られます(図3-9)。

大貴族の館もこの様式で建てられました。そうした邸館は、しばしば啞然《あぜん》とするほど荘厳な立体塔と三角屋根を備えています。

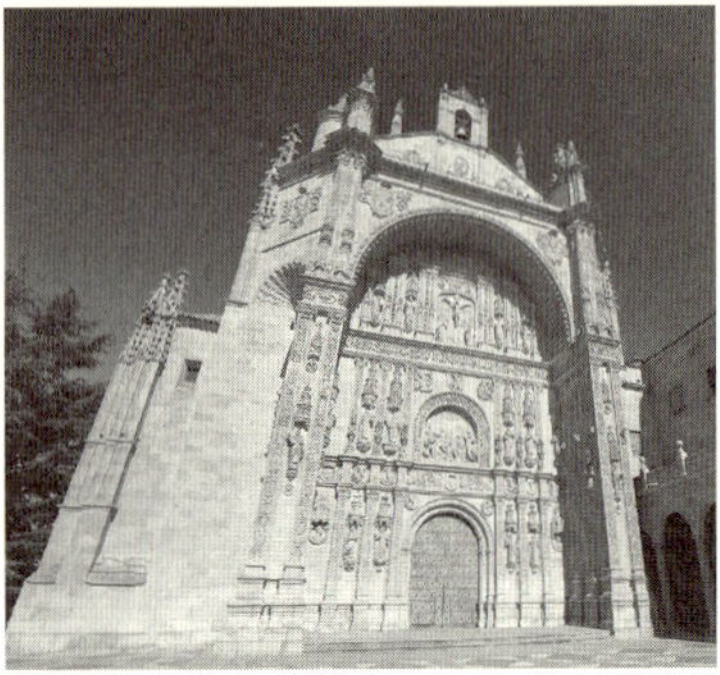

3-9　サラマンカのサン・エステバン修道院

パーソ像と幻視絵画

それではバロック教会建築内に収められている彫刻や絵画には、どんな特徴があるのでしょうか。

神秘主義者でさえ身近な台所のなかに神を見出したように、スペインの一般信徒たちは、神やキリスト、天使たちを、その高みに向かって礼拝したり、難解な教理を学んだりするよりも、肉体を具《そな》えた地上の存在としてあがめるのを好みました。

この時代から広まっていった瞠目《どうもく》すべき習俗は、「パーソ像」の行列です（口絵22）。これは地方のそれぞれの教会の祭日、とくに聖週間あるいは聖体祭の贖罪《しょくざい》の儀礼を格好の機会として、兄弟会の会員らによって山車《だし》に乗せられて行列していく彫像です。キリスト受難の各場面を表し、傷だらけの裸体をさらしたキリストを中心に、聖母マリアや聖セバスティアヌスほかの聖人が配されるものです。さながら動く受難劇です。

素材は木製ないし蠟製《ろうせい》で、多彩色にぬられています。通常は「キリスト受難」がテーマとなり、はりつけにされたり十字架の下にくずれ落ちたりしているキリストの巨大像によって、人類の救世主の受苦がリアルかつ赤裸々に造形されています。苦痛にゆがんだ顔、流れる血、曲がった手足、この肉体の受苦がひどいほど、沿道の民衆たちはありがたがり、体をふるわせてすすり泣き、大きな声をあげ即興歌《そっきょうか》を合唱したのです。まさにバロック的な習俗です。

キリストのあとに、涙にぬれた顔を苦しみでゆがめる「悲しみの聖母」や、やつれて肉体的にも精神的にも煩悶《はんもん》する聖人たちの像がつづきます。嗜虐的《しぎゃくてき》・病的ともいえるようなおどろおどろしい行列ですが、スペイン民衆の熱烈な宗教心ないし情熱の発露《はつろ》であることにはちがいありません。ここにも情熱=受苦という pasión の二重性があります。

今でもセビーリャ、マラガ、コルドバ、さらにムルシア、ロルカ、カルタヘナなどでは、聖週間に毎夕、昔ながらの厳粛かつ奇怪なパーソ像の行列が町をねり歩きます。

パーソ像は、山車の行列として登場するだけではありません。大聖堂や修道院礼拝堂、教区教会内の巨大な祭壇衝立《ついたて》をかざる彫刻群として設置されることもありました。これらは王侯貴族よりも民衆に熱烈に歓迎され、彼らを激しい情熱と恍惚《こうこつ》へといざないました。

パーソ像制作は、当時の芸術家のもっとも大切な仕事のひとつでした。フアン・マルティネス・モンタニェース、サルシーリョ、アロンソ・カーノ、グレゴリオ・フェルナンデス、ペドロ・デ・メーナといった芸術家たちがその代表です。

教会内にかざられる絵画もしばしばリアルで、それをよすがに神秘の世界へと没入するものであった点は彫刻と類似しています。両乳房を切り落とされてドクドクと真っ赤な血が流れ出ている聖女カシルダなどのおぞましい殉教図が、多数描かれました。新月刀《しんげつとう》で切断された筋の収縮や飛び出た肉塊のふるえも見落とさず、細密にして迫真の肉体を描きつくしています。

「幻視絵画」がこのバロック期のスペインで大流行したことも重要です。すなわち聖人・神秘家らの幻視体験が、まさに絵画を媒介に頻繁に発生し、そのシーンがさらに絵画として描き出されたのです。トロンプ・ルイユ(だまし絵)やイリュージョン技術を駆使してたくみに描かれた絵画は、見る人を幻視による恍惚へと導いていきました。幻視体験と絵画体験のたえまない行き来がそこにあり、絵画のなかから聖母マリアや福音書記者ヨハネが降りてきたり、絵画に描かれたマリアそっくりな人物が絵画の外に見えたりしたのです。

たとえばムリーリョの「パドヴァの聖アントニウスの幻視」では、観者は自分の見ているのが絵画なのか祭壇衝立なのか、あるいは幻視なのかわからなくなってしまいます(口絵28)。ほかにカルドゥーチョ、リバルタ、ルイス・デ・モラーレス、スルバラン、リベーラらもこうした幻視絵画を得意としていました。

民衆宗教の展開

以上のように一七世紀前後の百数十年、スペインでのバロック美術の流行は、なによりも民衆の自発的信仰心の高まりと、それを逸脱させないように導こうとする教会当局の努力のたまものでした。ですから彫刻・絵画は、芸術作品であると同時に「民衆宗教」を深める大切な手段でもあったのです。

さて、スペイン民衆にとっては、パーソ像の中心にいるおどろおどろしい傷だらけのキリストもそうでしたが、それ以上に崇敬と愛慕の対象になったのが聖母マリアです。スペイン民衆のマリア崇敬は「民衆宗教」の核心でした。

中世以来、スペインじゅうに奇跡をなすマリアをまつった教会があり、大勢の巡礼者を集めてきました。一六・一七世紀には、民衆たちの信仰心をとりこむ場として、さらに多くの礼拝堂・教会が、聖母マリアの顕現・奇跡の現場に建てられました。また、聖母マリアをさす¡Santísima Virgen! や ¡Virgen! を、驚きや困惑の場面(英語の Oh my God に近いニュアンスでしょうか)やさまざまな挨拶のなかで唱えるなど、常軌を逸したスペイン人の熱狂的マリア崇拝は外国人を驚嘆させました。

トレント公会議以後、「無原罪の御宿《おんやど》り」の教義とそれを描いた無垢《むく》で純潔なマリア像が、民衆たちに熱烈に崇敬されたことが注目されます。フランシスコ会やイエズス会が推進役になり、聖母マリアを肉体的接触なしに神のみによって直接創造された、けがれのない格別な存在として示す絵画や多彩木彫が、数多くつくられたのです。

民衆宗教をバックアップしたのは、芸術作品だけではありません。聖人伝もそうでした。一六・一七世紀には多くの同時代の聖人の事績を物語った伝記やその集成が編まれて、何度も版を重ねて人気になりました。たとえば、アンヘラ・マルガリータ・セラフィーナ尼《に》(一五四三～一六〇八年)、ドミンゴ・アナドン師(一五三〇～一六〇二年)などがその代表例ですし、カラトラバ騎士団員のドン・ミゲル・デ・マニャーラなどの伝記も熱心に読まれました。

敬虔で慈愛に満ちた聖人、そのエクスタシー・啓示・奇跡のほか、罪から聖性に移る回心《かいしん》にも人々はひきつけられ、宗教的イマジネーションがかき立てられたようです。

さらに聖人劇もあり、昇天、天使・悪魔の出現、奇跡的シーンなどが生々しい具体的な姿で演じられ、民衆の感動をよびました。

こうした芸術やキリスト教文学で敬虔さを深めていった民衆たちは、ミサの挙行を死後のあらゆる罪のつぐないに資するものと信じ、自分や家族のために数百回、いや、数千回のミサを魂の救済を願って奉献するよう遺言したのであり、その熱心さは他国民を寄せつけませんでした。また貧民・孤児・捨て子・病者・苦学生のための慈善事業がこの時代大いに隆盛し、それを担う兄弟会が、一七世紀半ばには二万以上もあったことも注目されます。

「画家のなかの画家」ベラスケス

黄金世紀のスペインには、民衆芸術ばかりがあったわけではありません。洗練された宮廷美術も栄えました。とくに、イタリアをはじめとするヨーロッパの美術の蓄積の上に立った「スペイン絵画」が、宮廷に仕える画家たちによって生み出されました。そうした国民絵画の最初期の立役者は、エル・グレコ、リベーラ、ベラスケス、ムリーリョの四人です。

エル・グレコ(一五四一～一六一四年)は、その名(El Greco ＝ギリシャ人の意)が示しているようにギリシャ(クレタ島)出身です。当初ヴェネツィア派の影響を受けた優しい空気感の絵を描いていましたが、一五七〇年代にスペインにやって来ると、天上的な光と雲、長く伸びた身体、ゆがんだ顔、黒・赤・黄・青の激しい色づかいなどを特徴とする、上昇感に満ちたマニエリスム的な宗教画を多く描くようになりました。「受胎告知《じゅたいこくち》」(一五九六～一六〇〇年頃)、「ヨハネの黙示録《もくしろく》第五の封印《ふういん》」(一六〇八～一四年)、「オルガス伯の埋葬《まいそう》」(一五八六～八八年、口絵30)などが代表作です。

しかし想像力と直感に頼った観念的な彼の絵は、一七世紀初頭にはすでに時代遅れと感じられて、よりリアルでドラマチックな新たな様式の絵画、バロック絵画に席を譲ることになりました。その最初の代表者がホセ・デ・リベーラ(一五九一～一六五二年)です。

バレンシア生まれの彼は、後年はイタリアで活躍しました。最初、イタリアの画家カラヴァッジョの影響を強く受けていましたが、やがてより明るく光を帯びて色調も調和的な画風になりました。彼は複雑な構図をさけながら登場人物たちに激しい情動を与えるのを好み、太鼓《たいこ》をたたく少女、マスカテル（甘口ワイン）飲み、ひげの生えた女など、逸話的・民衆的な様相にも強い興味を示しました。

より偉大なバロック期の画家はディエゴ・ベラスケス（一五九九〜一六六〇年）です。国王フェリペ四世につかえた彼は、王室侍従代や王宮配室長といった重職に任じられ、マドリードの王宮レアル・アルカーサルの宮廷に三八年間くらしました。そして求められるまま、王をはじめその家族らの肖像画を数多く描き、また離宮ブエン・レティーロの造営に際しては、絵画・彫刻および全体の装飾・デザインを指揮しました。他方で彼は、社会各層の生活ぶりを活写しようとし、そこにはアポロンやバッコスなど古代の神々が田舎の農民や職人と話をするような、高踏的な古典と庶民文化の合体が見られます。

あらゆる階層の人間を、そして身のまわりにあるどんな物をも懐《ふところ》深く受け容れて、おなじ視線でそれぞれの人・物の尊厳を描き出そうとしたベラスケス。台所仕事のなかにも救いの手立てがあるというアビラのテレサの教えを絵に応用したかのようです。彼はそのために、空間配置、色彩、光と影、動きなどの独自の表現法を編み出すとともに、歴史を描く物語絵をトップにおく絵のジャンル間のヒエラルキーを撤廃して融合させせました。

3-10　ムリーリョ作「無原罪の御宿り」

またもっとも有名な「ラス・メニーナス（侍女たち）」（一六五六年、口絵31）では、物語絵、風景画、肖像画、静物画などあらゆるジャンルの絵を総合した、絵画のなかの絵画を実現しました。そして彼は「画家のなかの画家」と敬意を表してよばれました。

ムリーリョ（一六一七〜八二年）も一七世紀のバロック絵画を代表する画家、いわゆるセビーリャ画派の代表者です。他の同時代の主要画家と異なり、彼はセビーリャを離れず、したがってスペイン宮廷の依頼を受けることはありませんでした。「ロザリオの聖母」「無原罪の御宿り」「聖母被昇天」などの宗教画が中核となる画業ですが、聖母は愛らしく優美な女性として描かれています（図3-10）。風俗画でもよく知られ、とりわけ市井《しせい》の女性や貧しい子どもといった庶民に慈愛あふれる視線を向けているのが印象的です。

スペインの画家たちには、バロック時代から現代にいたるまで、自然がこの世に現れ、その存在を示す最初の要素たる色彩を重視する、という特徴があります。

じつは絵画だけでなく、スペイン芸術は詩でも散文でも、言葉による色彩表現が豊かで効果的で、あらゆるところに色に関する形容をちりばめています。色はまさに魂の情熱に働きかけ、内的な情熱の諸相を何で示そうかと探していけば、まずは色に突き当たるのです。その可能性を存分に開拓したのが、ベラスケスをはじめとするスペイン・バロック期の画家たちでした。

完璧な赤色を求めて

ところで、第一次世界大戦(一九一四～一八年)以後に行われてきた諸種の世論調査でヨーロッパ各国の人びとに「一番好きな色は?」とたずねると、どの国でもつねに「青」との答えが返ってきたそうです。唯一スペインをのぞいて。スペイン人は「赤」が一番好きなのです。

時と場合に応じて好ましい色は当然異なるでしょうし、色の好き嫌いなどという主観的な嗜《し》好《こう》の調査はあてにならないかもしれませんが、それでもこの調査はスペイン人のひとつの傾向を表すものとして意味深いものです。ちなみに北米でも「青」が一番人気ですが、中南米では「赤」が圧倒的に気に入られているというのも、スペインとのつながりを思わせる興味深い事実です。

スペインは、中央部に広大に広がる荒涼たる大地の赤茶けた色、闘牛場で流される深紅《しんく》の鮮血、血でまっ赤に染《か》まったキリスト像……など、歴史的に赤との結びつきが強いようです。

いつから赤にこだわりだしたのか、正確に定めるのは難しいですが、ここでは美しい赤色を手に入れるためのスペイン人の執念に着目しましょう。

じつは、きれいな赤色染料をつくるのはきわめて困難で、長い間、にごった褐色やだいだい色に近い赤、あるいはすぐに黒ずんでしまうものしかできませんでした。ところが、コンキスタドールたちが、鮮明な赤色染料が新大陸の市場で売られているのを発見したのです。

それはこれまで旧世界では誰も目にしたことのない、鮮烈さで「血」の赤と競うことのできる最高品質の赤色染料でした。原料はなんと、コチニールカイガラムシという「虫」でした。メキシコ、ペルーなどの砂漠に産するサボテンに寄生するこの虫のメスを熱処理すると、鮮紅《せんこう》色《しょく》の顔料が抽出されるのです。

中南米では古代インカ時代から知られていましたが、ヨーロッパの国でこれを最初に発見したスペインは、この染料に大変な収入源を見出し、とくにフェリペ二世は、銀とともにこの染料の価値に期待して、セビーリャに大量のコチニール――毎年八〇トン近くが採取されました――を輸送・荷あげしたのです。スペインはその存在を秘密にしていましたが、やがてヨーロッパ列強の必死の探索で、秘密が明かされていきます。

植物、食べ物についてもスペイン人と赤との深い関わりを指摘してみましょう。たとえばスペインの国木《こくぼく》とされている樹木は「ザクロ」です。スペイン南部とりわけアンダルシア地方にこの樹木が自生していて、実は食用・飲用に、花は観賞用に、木材はカスタネットなどの材料になり、ザクロを愛するスペイン人はこれを新大陸にまで持ちこんで広めていきました。ちなみに「グラナダ」という町の名は、スペイン語でザクロという意味で、イスラーム支配下に名づけられました。花も愛らしくて素敵ですが、何よりザクロのまっ赤な実、血のように赤い果汁が、スペイン人をひきつけたにちがいありません。

赤い食べ物

スペイン人が好む赤い食べ物については、もっと例があります。たとえばパプリカです(口絵18)。パプリカは甘ピーマン・甘トウガラシとも称され、同名の実を乾燥させて挽《ひ》いてつくる赤い粉状の香辛料です。

これも「新大陸発見」と関係しています。スペイン人は新大陸に定着して耕作を始めるにつれ、トウガラシにも辛いものばかりでなく、多くの形態・大きさ・種類があることを知りました。これは交雑も容易で、したがって種類はどんどんふえ、そのうちもっとも甘い種類がスペイン人の気に入ったのです。

スペインにもすぐ導入され、畑のみでなく、庭やバルコニーでも栽培されました。早くも一七世紀の植物関係論文で言及されています。そのまま食べることもありましたが、乾燥させて石臼《いしうす》で挽いて粉にして料理の風味・色づけに用いることが推奨されました。そして一八世紀になると、あらゆる料理の風味づけ、色づけに赤いパプリカが使われるようになったのです。

伝統的なスペイン料理が辛くないのに色鮮やかなのは、パプリカのおかげです。たとえばジャガイモ料理や魚介類のエスカベッシュ、タコのゆで料理、若鶏《わかどり》や子羊の煮こみ、ソパ・デ・アホ(ガーリックスープ)などが代表的なものです。

スペイン人はこの赤い香辛料の世界一の消費者であり、年間一万五〇〇〇～二万トンも消費するそうです。赤い色のほか、渋くてえがらっぽい香りが重宝されているようです。スペイン以外では、アジアの熱帯地方で多用されるほか、マグリブやハンガリーでも好まれています。

もうひとつ、トマトも新大陸からスペイン人がヨーロッパに持ちこんだ赤い野菜です。トマトの愛好という点では、スペイン人はイタリア人におくれをとるでしょう。しかしスペインにはまっ赤な完熟トマトの冷製スープ、ガスパチョがありますし(口絵19)、またバレンシア地方のブニョルで毎年八月最後の水曜日に挙行される「トマティーナ」というお祭りもあり、赤い色への熱狂を感じさせます(口絵17)。

一九四五年に始まったこのお祭りは、当初、町側がトマト投げを禁止したのですが、参加者・観衆の評判をよび、やがて伝統になってしまいました。一九八〇年からは町のほうでトマトを準備してくれるようになり、二〇一五年には一五〇~一七〇トンのトマトがこの町の通りに投げ落とされ、街路は赤いどろどろの海に沈みました。

色から国民性を論じたり、歴史上のできごとを説明するなどまゆつば物で、単純に断言すべきことではないかもしれません。しかし心理学的な実験でも、私たち人間が赤色——赤い光、赤い口紅、赤い服——に反応するのは、それが強い視覚刺激として作用し、興奮させる(心拍数を上げ呼吸を速める)からだと明らかにされています。

赤というのは太古の時代には、まずもって血の色・火の色で、生命とその消尽《しょうじん》、あるいは神聖さを指示しました。ネアンデルタール人やクロマニョン人などが死者に赤土をかけて埋葬した事実も、それを証拠立てています。

赤はほかの色以上に、人間の根源的体験、感情・欲望、生命力を表し、またそれらを象徴するようです。一言でつくせば、それは「情熱」の色なのです。

一七世紀の政治と経済

輝かしい文化は政治的・社会的衰退期に発展することもあり、そのひとつの例がスペインの黄金世紀の後半だと述べました。その時期にあたる一七世紀のスペインの現実はどのくらい厳しかったのでしょうか。具体的に検討してみましょう。

カスティーリャにおいては、巨大な権力をにぎる王、フェリペ二世がくわだてた戦争・防衛の重なりで債務が蓄積し、一五九〇年代には経済はもはや立ちゆかなくなっていました。一五九〇年から導入された新たな物品税(ミリョーネス)も貧困者たちを苦しめただけで、税制改革や借金をいくら重ねても財政再建には焼け石に水でした。

王国の破産はメディナ・デル・カンポ(一五～一六世紀に羊毛・繊維などの取引で繁栄をきわめたバリャドリッド県の都市で王宮もありました)の定期市を直撃し、当地のはなやかな金融活動は過去のものとなりました。フェリペ三世の時代(一五九八～一六二一年)も相変わらず困難つづきで、それまでの侵略的拡張主義からは撤退せざるをえませんでした。一六世紀末年は大凶作で飢《き》饉《きん》・疫病《えきびょう》の流行が続発、カスティーリャ諸都市はもろにその打撃を受けました。人口は激減し、労働力不足・賃金上昇で外国産業との競争力が奪われました。かつては元気一杯だった織物工場は、活気を失ってしまいました。

もともと耕地が牧畜優先政策の犠牲になったり、粗放な農法で生産性の低かったスペインの農業ですが、一七世紀に入るとその衰退はいよいよ際立《きわだ》ち、耕作地放棄・離村が多発して小麦生産は大幅に落ちこんでいきます。日雇い農民が劇的にふえて悲惨な生活を送るようになります。また、あれほど大量にあった新大陸の銀も、一七世紀には枯渇《こかつ》し始めました。

免税特権のある貴族(農村領主)らの収入の大半は、王室に入る税金を徴収する権利にもとづく収入やフーロ(国債)年賦金《ねんぷきん》、および製粉場・ブドウ搾り器などの使用強制によって占められており、土地収入は一割余りと少ないものでした。貴族らは自分の領地におらず、宮廷のあるマドリードで国政に参加したり、多くの召使いにかしずかれて遊んだりしていました。まじめに仕事をしている一人の人間ごとに三〇人もの寄食者がいる時代だった、ともいわれます。これが表で華麗な芸術が輝いていた黄金世紀の裏の実態です。

一六一二年の協定で、一六一五年にフランス王ルイ一三世にはフェリペ三世の長女アナ王女が、またフェリペ王子(のちのフェリペ四世)にはアンリ四世の王女、エリザベト・ド・ブルボンが嫁《か》することになり、フランスとの関係は改善します。しかしオランダ問題は解決の糸口もつかめませんでした。

一六二一年に即位したフェリペ四世(在位一六二一~六五年、図3-11)の信任を得て、宰相つい

3-11　フェリペ４世（ベラスケス作）

で国王代理の寵臣《ちょうしん》として全権をふるったのは、伯公爵オリバーレスでした。彼は一六四三年に失脚するまで、二二年にもわたり効率を第一に求めて行財政の改革につくしました。

また帝国拡張主義を奉じていた彼は、先代のレルマ政府の無気力な方針を切りかえて、軍事力強化策を取り、戦闘精神を復活させました。財政健全化と綱紀粛正《こうきしゅくせい》のため、公職削減や緊縮財政計画、インフレ抑制、奢侈《しゃし》品《ひん》禁止、劇場や売春宿の閉鎖なども同時に推進しようとしましたが、反対が多くあまり成果があがりませんでした。

一六三五年にカスティーリャとフランスの戦争が開始されて数年後、前者の駐屯地に選ばれたカタルーニャでは兵士の略奪行為に怒った農民の反乱がおき、そのジェネラリタート（議会常設代表部）はフランス国王ルイ一三世に忠誠を誓う一方、カスティーリャ軍に抵抗しました。

経済危機で余裕のないカスティーリャは、軍事力をもって反乱を防ぐこともできなくなっていました。貴族らから責任を追及され官僚たちにも見放されたオリバーレスは、一六四三年一月、王により解任されます。結局一六五三年フェリペ四世がカタルーニャの諸特権尊重の意思があると示すことで、反乱も終息していきました。

ところがカタルーニャの動向はポルトガルに影響を与えます。一六四〇年一二月、叛徒《はんと》が国をのっとり、ポルトガル貴族の筆頭だったブラガンサ公爵がジョアン四世となって登位《とうい》(ポルトガル革命)、イギリス、フランスもそれを支持しました。ポルトガルは六〇年を経て、再びスペインからの独立を勝ち得たのです。カスティーリャへの反抗は翌年アンダルシアにも飛び火し、さらに五〇年代初頭にかけて各地で陰謀・騒乱・暴動があいつぎました。

これらスペイン(カスティーリャ)とオランダ、フランス、カタルーニャ、ポルトガルなどとの争いは、より多くの国を巻きこんだ戦争である、いわゆる「三十年戦争」の一環でした。それは、神聖ローマ皇帝フェルディナント二世が、一六一八年にベーメンの新教徒に対しカトリックへの強制改宗を行ったことがきっかけとなって開始した、国際的な宗教戦争です。

その終結のための講和条約である一六四八年のウェストファリア条約では、オランダ独立が認められ、またフランスとの間で遅れて調印された一六五九年のピレネー条約で、ピレネー山地のルシヨンとセルダーニュの半分がスペインからフランスに引き渡されました。そして神聖ローマ帝国はもろくも解体して各領邦が独立し、帝国も皇帝権も名目だけのものとなりました。

三十年戦争の結果は、まさにスペイン・ハプスブルク家の神聖ローマ帝国に引導を渡すことになったのです。

フランスに敗北したカスティーリャは、多くの海外領土をイギリスやオランダに奪われてしまいます。通貨は混乱して繊維・農業分野なども壊滅的打撃をこうむり、経済の中心だったブルゴス、セビーリャは衰退していきました。

ヨーロッパ諸国がスペインを介さずに直接新大陸と取引し始めたのも痛手になりました。先述の戦争のほかに疫病(一六四七～五四年と一六七六～八五年)、アメリカ大陸への移住もあり人口は激減。財政赤字はインフレ危機を併発し、平価切り下げや貨幣悪鋳《かへいあくちゅう》などでしのごうとしても、かえって混乱してインフレが加速し、国庫は破産してしまいます。

病弱で知的障害もあったカルロス二世(在位一六六五～一七〇〇年)の目の前には、多額の長期公債(フーロ)が残されました。カルロス二世の時代、とくに一六八〇年代になると、カスティーリャ経済のみか、文化もまひしてしまいます。偉大な作家や画家はすでに死に絶え、学問的な探求精神はどこへやら、まさに太陽の沈まぬ国の黄昏《たそがれ》です。

しかしまもなく経済回復の予兆が現れます。一六九〇年代には人口が増加し、農業も発展軌道に乗っていたことが、近年の研究で明らかになっています。

第４章

ブルボン朝の時代

——18 世紀前後——

ゴヤ作の版画集『ラ・タウロマキア(闘牛術)』からの一枚

一八世紀は、スペインにとってフランスとの関係が激変する世紀でした。王族間の婚姻関係の偶然によって、それまでのハプスブルク家（ドイツ）にかわって、ブルボン家（フランス）がスペインを支配するようになったからです。

スペインとおなじカトリック国でも、フランスは革命への道を猛然と走っていましたので、スペイン王権は「悪《あ》しき思想」の影響をはばもうと、懸命でした。

スペイン継承戦争から対フランス宣戦へ

一八世紀に入ると、スペインはすぐさまヨーロッパ全域規模の混乱に巻きこまれます。というよりも、それを引きおこす原因になりました。

カルロス二世が亡《な》くなって、あとをつぐ子どもがいなかったために後継者争いがおき、結局、フランスのルイ一四世の孫アンジュー公フィリップをフェリペ五世として戴《いただ》くことになりました。しかし自分の次男を推《お》す神聖ローマ皇帝がそれに反発してイギリスとオランダも同調したため、いわゆる「スペイン継承戦争」(一七〇一〜一四年)が勃発したのです。

ヨーロッパ各地および北アメリカ植民地でも戦われたこの国際戦争は、一七一三年のユトレヒト条約と翌年のラスタット条約で終結しました。スペインは、フェリペ五世(在位一七〇〇〜四六年、図4-1)の即位は認められたのですが、ジブラルタルとミノルカ島をイギリスに奪われ、オーストリアにはスペイン領ネーデルラント、ナポリ、ミラノ、サルデーニャを譲渡せざるをえませんでした。

4-1　フェリペ5世とサヴォイア家のマリア・ルイザとの結婚式

一方で国内的には、フェリペに逆らったアラゴン連合王国のすべてのフエロ(地方特別法)が無効とされ、独自議会、ジェネラリタート、百人会議などは廃止されて、政治・行政・司法がカスティーリャの法制に沿って一元化されていきました。

スペインはさらなる戦争に巻きこまれます。フランス・ブルボン家と何度か「家族協定」を結び、一族として共同歩調をとることを確認したためです。そのため「ポーランド継承戦争」(一七三三～三五年)、「オーストリア継承戦争」(一七四〇～四八年)、「七年戦争」(一七五六～六三年)などにも参戦せざるを得なかったのです。七年戦争の最中、スペインはイギリスと同盟関係にあったポルトガルとも戦端を開くことになりましたし、「アメリカ独立戦争」(一七七五～八三年)の際にも、スペインはフランスの同盟国として参戦しました。

4-2　カルロス３世

こうしてブルボン家のフェリペ五世、その息子のフェルナンド六世(在位一七四六～五九年)、また次のカルロス三世(在位一七五九～八八年、図4-2)時代のスペインは、外交や対外戦争でいそがしかったわりには、領土獲得・回復といった点ではさほど成果はあがりませんでした。

しかし国内の改革は進捗《しんちょく》し、とりわけ「哲人王」とされる開明的なカルロス三世は啓蒙《けいもう》主義を掲げる大臣を登用し、産業振興、インフラ整備、軍隊改革、イエズス会追放などの改革を推進しました。そして植民地との間に自由貿易が拡張し、大西洋貿易の大発展につながりました。

ところがまがりなりにもつづいてきた改革のうねりは、次の凡庸《ぼんよう》なカルロス四世(在位一七八八～一八〇八年)時代につまずいてしまいます。というのも、一七八九年に「フランス革命」が勃発し、王とその周囲の者たちは、王を処刑するような過激な運動がスペインに飛び火するのをさけたいと願ったからです。

そのため異端審問所《いたんしんもんじょ》の活動、とりわけ検閲が強化されました。なかでもフランスかぶれのフィロゾーフ(啓蒙思想家)、フリーメーソン(普遍的な人類共同体の完成をめざす秘密結社の会員)、あるいはジャンセニスト(恩寵《おんちょう》の絶対的力を強調するヤンセニウスの説を奉ずる者たち)など既存秩序を乱す知識人が要注意人物に数えられました。

カルロス四世は、一七九二年には父親の代からの改革的顧問と決別し、従兄弟《いとこ》のルイ一六世を助けるのが自分の使命だと考えます。そこでマヌエル・ゴドイという王妃のお気に入りで古参の王衛兵出身者に頼ることになりました。

一七九三年三月の対フランス宣戦は、まさに反革命十字軍の宣言でしたが、敗北。ゴドイは一七九五年七月総裁政府とバーゼルで講和条約を結びますが、将来の対英国同盟を考えていたフランスに比較的寛容に遇されました。しかしゴドイはますます不人気になり、貴族にも聖職者にも追及されて、一七九八年、いったん権力の座から降りました(一八〇〇年に復帰)。

経済復興と貧しい農民

一八世紀のスペインは、政治的・外交的にはあまり芳《かんば》しくなかったものの、経済・人口はもち直しました。すなわち疫病《えきびょう》の減少や国内での戦闘行為の収束、海港都市での交易・商業の復興のおかげで、一六九〇年代に始まった経済の好況は一世紀間つづきました。

人口は一七〇〇年の約六〇〇万ないし七〇〇万人から、一七八七年には一一〇〇万ないし一二〇〇万人ほどにまで増大しました。

この時代、メキシコでの銀採掘の再開や新たな鉱床の発見、また砂糖・カカオ・タバコなどの生産および通商の飛躍があり、さらに国内でも栽培品が多様化して農業生産も増加しました。

工業については地域やセクターにより成長は一律ではありませんでしたが、政府は日常的な製品づくりを振興させようと、農村家内工業に紡績《ぼうせき》の工程をまかせたり、全国に経済協会を設立したりしました。フランスのコルベールの重商主義モデルに想を得て、国家自体がタピストリーや磁器など奢侈《しゃし》品の生産者となったり、困難におちいった毛織物・ラシャなどの生産を援助したりしました。

政府にとっては自由貿易を推進することも大きな目標で、農産物の販売自由化や地方銀行の開設、運河・道路の建設を進めました。自由貿易は海港都市でかなり進捗し、とくにカタルーニャ地方とバスク地方は、この時代からスペイン随一の商業・工業地帯として発展していきました。貿易会社――カカオ取引独占の「ギプスコア地方王立カラカス会社」(一七二八年)、アンティル諸島との交易のための「王立バルセロナ会社」、フィリピンとの直接貿易・資源開発のための「王立フィリピン会社」など――が設立され、技術発展の波に乗って、バレンシアの絹織物、カタルーニャの綿織物、バスクの造船業と鉄工業が大発展しました。

しかしカタルーニャの状況は例外的で、近代化にふみ出したといってもスペイン全体としては産業革命というほどのものはおきず、他国に比べ大いなる格差がありました。輸送手段と交通路は欠如し、資本は不十分、こうした状況では、勤勉なブルジョワは――カタルーニャなどをのぞけば――ほとんど成長しませんでした。「祖国の友・経済協会」に集って啓蒙改革を議論したのはブルジョワではなく、ごく一部の開明的な貴族や聖職者だったのです。

啓蒙改革派官僚カンポマネスらの主導で、一七六六～七〇年に一連の法律が公布されて、自治体の土地や王領の一部が農民に分配されました。また部分的な限嗣相続制《げんしそうぞくせい》改革で相続者の経営への関心と土地の流動性を高めようとしましたが、あまり成果はあがりませんでした。耕地と家畜を保有する自営農民たる小農はへり、ふえた借地農の境遇は借地契約が不安定で改善しませんでした。耕地不足も解消されず、農民の大半は貧しいままで、食いつめた者は旧来の慈善団体にすがるしかありませんでした。

きちんとした雇用の機会がなく、働きたくても働けない農民であふれた農業経済のありかたが、ときにスペイン人が「怠惰《たいだ》」とされるイメージを生んだのかもしれません。

カトリック的啓蒙《けいもう》

一八世紀はいわゆる啓蒙主義の時代で、フランスに発した思潮が、絶対主義の王を戴《いただ》く国々にも伝わって啓蒙専制君主を生み出しました。スペインのブルボン家の国王たちも、フランス革命に直面して驚愕《きょうがく》のあまり反動化するまでは、啓蒙主義をある程度は受け容《い》れる姿勢を見せていました。とくに開明的専制君主たるカルロス三世の時代(一七五九〜八八年)はそうでした。もちろん、政治・経済面で瞥見《べっけん》したように、十分とはいえませんでしたが。

文化面はどうだったのでしょう。たしかに一七世紀以前の芸術・文学を領導していたバロックの精神が退潮すると、入れかわるようにフランスの百科全書派やモンテスキュー、ヴォルテール、ルソーなどの啓蒙思想が入ってきました。

スペインにはすでに一七世紀末には「ノバトーレス」と称される一群の学者たちがいて、形式にこだわりキリスト教教義にしばられたスコラ学的な思想を批判していきました。それを引きついだのが一八世紀の啓蒙主義者たちでした。

代表的な人物には、ベネディクト会修道士のフェイホー(一六七六〜一七六四年)がいます。彼はサラマンカ大学などで教鞭《きょうべん》をとった思想家・随筆家で、カルロス三世の改革の基盤となった「第一次スペイン啓蒙運動」のメンバーでした。

祖国スペインの伝統への愛着は断ちがたかったようですが、迷信追放や科学的知見の導入などに力をつくし、農業政策の改善を提言し、教育改革にも努力をおしみませんでした。

もう一人、フランス文化の影響を濃厚に受けた文学者がイグナシオ・デ・ルサン(一七〇二〜五四年)でした。その『詩学』(一七三七年)では、理性や経験を重んじて自然にもとづく真実を追求する文学をおし進め、空想・迷妄《めいもう》からまぬがれるべきことを説いています。

バロック的演劇がすたれて新古典主義的なものが台頭してきたのは、こうした啓蒙主義の影響もあったのでしょう。王室も学問の発達を後援し、王立言語アカデミーをはじめとして、法律アカデミー、美術アカデミー、歴史アカデミーなど、数々のアカデミーが創設されました。

ところが、ブルジョワが未発達なスペインでは、啓蒙主義の理想を実体化していく集団がどこにもいませんでした。あいかわらず「特権階級」たる貴族や聖職者、修道士が数人に一人の割合でおり、しかも異端審問所が勢力を保ったままの状況では、ブルジョワや一般庶民の目線で、その幸福を理念として活動する知識人はほとんどいませんでした。それどころか啓蒙思想の流入は無神論をあおり、性的紊乱《びんらん》を広めるとして、押さえつけが始まったのです。

たとえば法学者で百科全書派にひかれた啓蒙主義者ホベリャーノス(一七四四～一八一一年)は、カンポマネスとともにカルロス三世にとりたてられ、諸悪の根源たる無知からスペイン人を救うために教育改革の計画を立てました。そしてギリシャ・ローマの古典ではなく、カスティーリャ的な人文学を盛り立てる必要性を説いたのですが、フランスの哲学者であり政治学者でもあったジャン＝ジャック・ルソーの思想を紹介しようとして逮捕され、マヨルカ島に追放されてしまいました。

ですから一八世紀のスペインにおいては、啓蒙主義も「カトリック的啓蒙」という、形容矛《む》盾《じゅん》のような姿を呈したのです。普通の啓蒙主義がキリスト教の伝統的権威を排し理性の王国を築こうとするのに対し、カトリック的啓蒙というのは、王権強化をめざした国王教権主義の上に立った啓蒙主義で、派手な宗教儀礼や聖職者の腐敗堕落、民衆の無知《むち》蒙昧《もうまい》を攻撃することはあっても、地主たちの権益は保全され、社会秩序を変更しようとする志向はありませんでした。もちろんカトリック信仰や教会への本格的批判にもつながりませんでした。イエズス会追放(一七六七年)も、ローマ教皇の影響力排除が目的で、司教や他の修道会にはむしろ歓迎されました。

そして自然科学も人文科学も国際法も教えられない大学では、教師や学生はまさに煩瑣《はんさ》で無用なスコラ的な議論を戦わせるだけでした。ブルジョワが未発達のなか、農民層を中心とする民衆たちも、保守主義的態度を守っていました。

しかし社会革命には飛びこめなかった保守的なスペイン民衆たちの生は、この時代、新しい表現を独自に求めていたように思われます。フランス人の文化を率いていった理性ではなく、情熱がその導き手でした。まずはその著しい表現のひとつ、闘牛から眺めていきましょう。

闘牛の貴族的起源・民衆的起源

春から夏にかけてスペイン各地で連続的に行われる闘牛は、野蛮《やばん》だ、動物虐待《ぎゃくたい》だ、殺りく行為だと、動物愛護団体から非難されてきました。それでもなかなか禁止されず(一八〇五年にいったん全面禁止されましたが三年後に再開、ただしカタルーニャ自治政府は二〇一〇年に州内での闘牛興行を禁止)、スペインの国民的祝祭(フィエスタ・ナシオナル)として、現在まで熱狂的な支持を得ています。

年によりかなり変動はあるようですが、二〇世紀後半以降も三月から一〇月にかけて年二〇〇〇回近くの闘牛が開催されていて、カスティーリャ、アンダルシア、エストレマドゥーラなどがとりわけ闘牛のさかんな地域です（口絵14）。

闘牛がほぼ現在の形になったのは、一八世紀のことです。ですからブルボン朝時代のスペインをあつかっている本章で、スペイン（人）にとっての闘牛の意味を考えてみましょう。

スペインには近代闘牛確立以前にも、貴族たちの闘牛がありました。それは一一世紀ないし一二世紀から史料に現れ、一六・一七世紀にとくにさかんになったものです。国王の戴冠式《たいかんしき》や王侯の結婚式、王子誕生、戦勝記念などの祝祭に際して、騎馬槍試合《きばやり》とならんで行われ、一種の軍事訓練の意味もありました。

町の広場をフェンスで囲ってしたてたアリーナで、馬上の騎士が突進してくる牡牛《おうし》を待ちかまえてその脳を剣の一撃で刺してしとめるやりかたと、馬からおりた騎士が牛との間合いを測りながらグルグルと牛の周りを回って短めの手槍《てやり》を何本も使い腕をのばしてつき刺していく、敏捷性《びんしょうせい》と巧妙な技が求められるやりかたの、二つがありました。また、騎士は一人で牛に向かうのではなく、多くの従僕が手伝うにぎやかな演出になっていました。

こうした「貴族の闘牛」と並んで、一六世紀から田舎の民衆が好んでいた「民衆闘牛」――エンシエロ（追いこみ）とよばれます――がありました（口絵13）。こちらは規則らしい規則も、身ぶりの定型もなく、村のお祭りなどの機会に行われました。

獰猛《どうもう》な牛が、両側につめかけた群衆が見物する道に放たれると、それに挑む若者たちが、牛の体当たりを敏捷な動きでかわしながら矢を投げ、棒でなぐり、槍をつき立て、犬をけしかけ、湖や川に突き落としておぼれさせるなど、暴虐《ぼうぎゃく》のかぎりをつくします。牛があれ狂って、けが人や死人が出ることもまれではなかったようです。今なら動物虐待もいいところでしょうが、当時は身分の上下を問わずに楽しむイベントだったようです。

一八世紀になると、闘牛に冷淡だったブルボン王朝の国王たちが禁止令を出したこともあり、貴族の闘牛は衰退してしまうのですが、民衆の闘牛祭りはずっとさかんでした。しかも闘牛は同世紀に、さまざまな所作や武器のあつかいが様式化されて「コリーダ」と命名されるものに生まれ変わるのです。

一七三〇年代から五〇年代にかけて、「コリーダ」は形式を整え、アンダルシア、カスティーリャ、ナバラなどで成立し、各地において様式・型が工夫されていきます。そして徐々に統一的な「規則」ができました。一七三七年、まずセビーリャに専用アリーナが造られ、やがてマドリード、サラゴサ、ロンダなど各地に建設されて、多数の見物客が熱狂したのです。

三場面の展開と規則・様式の確立

太陽が中天を越え、一日でもっとも暑い時間がすぎたころ、ラッパが鳴りさまざまな音楽が演奏されて観衆の声援がひびき渡るなか、出場者のパレードが行われたあとに、コリーダが始まります。

三人のマタドール（正闘牛士）で六頭の牛を相手にするのが一般的な一日の出し物のようです。最初、牛がアリーナに入場すると、闘牛士の助手たちが派手なピンクのケープを振って牛の注意をひきつけ、そこを目がけて突進してくる牛をたくみにかわし、それを何度もくり返して牛をつかれさせます。この「前座」の後「テルシオ」とよばれる三つの場面が展開します。

第一場面では、激しい闘争がくり広げられます。アリーナで牛を待つ馬上のピカドール（槍で牛を刺激して興奮させる役の闘牛士）が、声をはりあげて怒鳴ったり、槍をふったりして牛を刺激し、突進してくる牛の首の上部を三本の槍で突いてその激しい勢いをそぐとともに、とどめを刺す場所をやわらかくします。一九二八年までは馬のプロテクターがなかったため、牛の角で腹を割かれて息絶える馬もめずらしくありませんでした。ですから牛は、馬や闘牛士、その助手らと血まみれの闘いをしたのです。

第二場面は、かざりひも付きの銛《もり》を牛の背中・頸《くび》に打ちこむ役のバンデリリェーロ（銛打ち）

の腕の見せどころで、銀の衣服を着た彼がアクロバチックな身のこなしで牛をそそのかし、つぎつぎ銛を打ちこんでいきます。三人のバンデリリェーロが順に試技し、二対の銛と一対の銛それぞれが、牛の角の左右に分かれて突き刺さるようにするのが目標でした。牛の苦痛と出血の漸増《ぜんぞう》によって、アリーナのテンションは確実に盛りあがっていきます。

そして最後の第三場面で、マタドールが牛にとどめを刺します。牛のすぐ近くに身を寄せたマタドールは、とがった棒に赤い布をつけたおとり(ムレータ)で気をそらせつつ、パセ(牛を受け流して走らせること)をして、牛をやりすごします。そしていよいよ最終段階に来ると、マタドールは牛が両方の前肢《まえあし》の蹄《ひづめ》をそろえて止まるようにうまくしむけ、その急所つまり太いうなじのすぐ後ろの毛のうず巻きのある点を、ねらい打ちするのです。両者が交差し一体になったと見えた瞬間、剣はあやまたず急所に突き立てられ、牛はどうと倒れるのです。

パセは激しければよいというものではなく、不動の姿勢のまま剣とムレータを持って待ちかまえ、突進してくる牛をパセによってそらさなくてはなりません。至近距離での牛とのやりとりが求められるほか、ゆるやかな動きで、しかし正確に、幾何学《きかがく》模様を描くかのようにムレータをひるがえしたり、円い輪をつくっておどるような身ぶりをしたり、牛との華麗なダンスをするような動きで芸術性を誇示しました。

一八世紀半ばから闘牛のさまざまな技が確立し、規則化していきます。名だたる闘牛士たちの努力とライバル意識の賜物《たまもの》です。

まず一七九六年に花形闘牛士ペペ・イリョが『騎馬または徒歩での闘牛術』を著しました。ついで一八三六年には偉大なトレーロ(闘牛士)のフランシスコ・モンテスの『闘牛術大全』が刊行され、それにもとづく闘牛規則がつくられました。モンテスはまた「光の服」とよばれる華美なモールをかざり付けた闘牛服を普及させたことでも知られています。

さて、こうしたきわめて様式化された所作で展開する近代闘牛ですが、それがスペイン人をいつまでもひきつけてやまないのは、そこに、日々の生活で滞った情熱のカタルシス効果を求めているからではないでしょうか。闘牛は一八世紀から今日まで身分を問わない民衆的出し物であり、闘牛場では集まった群衆の情念がいやがうえにも盛りあがり、サスペンスにふるえ、大団円《だいだんえん》に向けて上昇し、カタルシスへとなだれこむのです。自然にわき立つ「オレー!」のさけびがカタルシスの印です。それをもたらしてくれたマタドールは文句なく英雄なのです。

親密なダンスを思わせるマタドールと牡牛の交歓《こうかん》に性愛的要素を読み取る人もいますし、また剣と角による流血の果てに、どちらか——通常は牛ですが闘牛士が命を失うこともまれではありません——が確実に死ぬという、生(と性)の燃焼がドラマチックに演じられるからこそ、スペイン人は闘牛に熱狂してきたのでしょう。

情熱の愛とドン・フアン伝説

スペイン人をとらえた情熱は、冒険・征服や名誉の追求におけるものであれ、神秘主義の発揚におけるものであれ、あるいは闘牛や祝祭で爆発するものであれ、生の全体の流れに棹《さお》さしているために、そしていわば民衆の古層につながっているゆえに、知的な要素や倫理的・社会的な要素もその流れをさまたげることはありませんでした。

一般に、情熱のもっとも典型的な表れのひとつが、恋愛でしょう。スペイン人にとってそれは、肉体の関係であるとともに、純潔な精神の関係でもあるのです。そしてそれがさまたげられることには我慢ならず、そこで「嫉妬《しっと》」がどの国民よりも強く表れるのです。

歴史をさかのぼると、いつでも現在のような自由な恋愛ができたわけではありません。情熱的な恋に身をささげるメリメの小説『カルメン』のヒロインはとても有名ですが、その実、長い間女性たちは男性の気まぐれに翻弄《ほんろう》されてきたのです。

男性にとって愛する女性は自分の「一部」「所有物」で、女性のささいな言動でもそれが期待と外れると、自分の存在が深部からおびやかされたように感ずるのです。「恋愛」に「名誉」

というもうひとつの強い情熱対象がからまるときはなおさらで、名誉回復のために女性は男性から残忍なしうちを受けます。これは前章で演劇作品を取りあげながら例示した通りです。

ではここで、スペインの恋多き情熱的な男をさがしてみましょう。その典型が伝説上の人物「ドン・ファン」です。前章でも紹介したティルソ・デ・モリーナの『セビーリャの色事師《いろごとし》と石の招客《しょうきゃく》』が、文学作品としての原型を定めました。

ドン・ファンはこりない好色男で、友を裏切り、女をだまして浮気《うわき》を重ねていくのですが、その極悪非道・無信仰ゆえに、亡霊から天罰をこうむって焼け死んでしまう、悲劇的人物でもあります。この人物像が一八世紀になると、スペインを越えてヨーロッパ中の宮廷人や市民階級にアピールし、文学・音楽・思想のテーマとなっていきました。

この驚くべき人気は、ドン・ファンが、すべての崇高なものや理想的なものの価値を結局は否定せざるを得ない、人間の魂・心の悲劇的なしくみ、そこに生ずる人間的苦悩という、いわば人類共通の定めを象徴しているからではないか、と説かれることもあります。

「ドン・ファン論」をものしたスペインの思想家オルテガ・イ・ガセットによると、この強烈なコントラストに彩られた伝説ほどスペイン的なものはない、ということです。これは正午と真夜中、清純と罪深さ、若々しい肉体と死骸、宴遊《えんゆう》と墓所、接吻《せっぷん》と生首などの場面がつぎつぎ入れかわる純粋なコントラストからなる伝説で、読者・聴衆はやがて闘牛の観客のように自分をおさえられず見世物に参加することになる、とのとらえかたです。

またオルテガによれば、ドン・ファンは淫蕩《いんとう》なエゴイストなどではなく、平生からいつでも命を投げ出す気がまえをもっている人物だ、ということです。何事かのために命を投げ出せるほど道徳的な人間はいないのであり、伊達男《だておとこ》の横顔には、悲劇的な影、死神の悲愴な姿がまとわりついている。死は彼の生の根源にあって、うわべの陽気さにともなう対旋律《たいせんりつ》・共鳴音として働いている。死が迫っていることが彼の行動を神聖なものにするのだ……と指摘しています。

こうしたドン・ファンは、「受苦」という意味をもあわせもつ、まさに民衆の「情熱」が基調となっているスペイン人の生き方の象徴でしょう。この像が一八世紀という啓蒙の時代にヨーロッパ各国に、遅《い》れ《い》たスペインから伝わり流布《るふ》したということは、意味深いことです。

愛される画家ゴヤ

アラゴン出身のフランシスコ・デ・ゴヤ(一七四六～一八二八年)は、スペインでもっとも愛されている画家と言っても過言ではないでしょう。それは彼がブルボン朝のカルロス三世、カルロス四世の宮廷画家として王侯貴族などの肖像画を描いただけではなく、民族の深部に達する批判精神を体して、闘牛——三三枚組版画集『ラ・タウロマキア（闘牛術）』（本章扉絵）ほか、数多くの作品のテーマになっています——からスペイン独立戦争（第5章参照）の残虐行為と英雄主義まで、スペイン人の心の底に宿る情熱を、強烈な色彩という武器を使って透徹した誠実さで描写したからだと思います。

4-3　ゴヤ作「我が子を食らうサトゥルヌス」

彼は礼拝行列、婚礼、村祭り、職人や農民の姿といった身近なシーンに注目し、それまで表現されることのなかった卑賤《ひせん》とされた者たち、あるいは女性や幼き者たちの素朴なよろこびや苦悩、無垢《むく》で純なる姿を描き出しました。彼の描くこうした小さき者たちは、生活のなかに歓喜を見出すときにも、どこかに憂愁《ゆうしゅう》が忍びこんでいました。死によって生がつねに牽制《けんせい》され、それを彼らが無意識に感じとっていることが、よろこびを粛《しゅく》としたものにしているのです。

テーマも独特で、よく知られているのは、夢魔、魔女、巨人、小人、サトゥルヌス（古代ローマの農耕神）、悪魔＝雄山羊《おやぎ》、サバト（魔女集会）、空飛ぶ動物、怪物や亡霊、といったスペイン人に長らくとりついて、とぐろをまいていた妖鬼の数々でした（図4-3）。おどろおどろしくグロテスクな暗い色調のものが多数あります。とりわけ「黒い絵」の不気味さは、観者の心に深々としみ入ってきます。

ゴヤの仕事万端は、一五世紀末以来の情熱の暗転、すなわち太陽の沈むことのない偉大なスペイン帝国建設の陰で進む、知的退廃・蒙昧《もうまい》主義・教会と国家による壮大な抑圧——異端審問所が象徴しています——という、借り物の啓蒙主義ではまったく太刀打ちできなかった巨悪への挑戦でもありました。

彼は民衆の無意識の次元にまで降りていき、そこからエネルギーをくみ取って画布上に恐怖の魑魅魍魎《ちみもうりょう》を跋扈《ばっこ》させることで、かえって巨悪を溶解・解体するイメージを与えました。彼の一見荒っぽい無骨《ぶこつ》な画業により、権力の永続的な偽善があばき出されたのです。ゴヤは、自由で激烈な反骨精神、民衆的精神で権力と対峙《たいじ》して、従来にない絵を生み出しました。

もうひとつこれと関連して、ゴヤはカーニバル的世界観を抱いていました。実際その作品中にはカーニバル的主題がちりばめられています。民衆文化と絶えず対話していたゴヤの仕事は、スペイン芸術の最良のものは「民衆の作品」だという命題の正しさを裏づけているようです。「鰯《いわし》の埋葬」(一八一六年頃、口絵29)が、カーニバル絵画の代表作です。

彼は大きな絵画のほかに小さなスケッチ・素描《そびょう》をも多数描き、また版画も多く制作しました。

それらの小品にも、秩序の逆転を表すカーニバル的主題が好んで選ばれています。諧謔《かいぎゃく》や諷刺《ふうし》に満ちた八〇点からなる版画集『ロス・カプリチョス』や『日記素描帳』がその代表例です。

一方『戦争の惨禍《さんか》』はナポレオンの侵攻に対抗するゲリラ戦の悲惨で残虐な様を人間の犯す最悪の愚行として糾弾《きゅうだん》する、観者を絶望に追いこむ迫力のある版画集です。

民衆文化の勝利

スペインの芸術には、多文化混淆《こんこう》と民衆性という二つの特徴がずっと備わっていました。そこには民俗色の濃い芸術、日常性のしみついた芸術、自然のモチーフから着想された芸術がいかに多いことでしょう。スペイン人がかような美的態度をもっているために、フランスのような啓蒙思想やロマン主義がこの国ではうまく根付かず、またリアリズム小説にも泥くさく野卑《やひ》なものが多いのです。理性(フランス)や経験(イギリス)よりも、民衆たちの心底にたぎる情熱こそが、スペインにおける芸術の最初の契機なのでしょう。

スペイン芸術の民衆的性格は、文学においては『ドン・キホーテ』に頂点を見出せますし、絵画ではゴヤ、音楽ではフラメンコに代表例をさぐりあてることができると思います。もうひとつ、音楽では「サルスエラ」という歌謡・演劇・舞踊《ぶよう》を合体させたジャンルが最高の民衆芸術として光彩を放っています。それはもともと一七世紀の宮廷で誕生したのですが、まもなく民衆的なものへと姿を変えて広まっていきました。

しかしこうした民衆芸術の背後には、より広漠たる民衆文化や民衆宗教がひかえていることを疑うことができません。聖母崇敬を中心とする民衆宗教については、前章でふれました。闘牛も民衆文化のひとつと見なすことができるでしょう。

もうひとつ、より世俗的な民衆的祝祭、カーニバルについても述べていきましょう。祭り好きのスペインでは地方ごとに特色ある祭りが行われていましたが、町中・村中がわき立ったのがカーニバルでした。カーニバルは、ローマ・カトリックの教えを奉じている国々で四旬節《しじゅんせつ》(復活祭前四〇日間の斎戒《さいかい》期間)の直前に行われる、はめを外した楽しいお祭りです。冬の終わりか春の初め、精進の長い期間の前に、食えや飲めや歌えやのどんちゃんさわぎをするのです。

おそらく異教時代の新しい年の始まり、自然の再生を祝い願う祭りが、キリスト教化されたものだと考えられています。古代ローマのサトゥルナリア祭とのつながりを説く人もいます。

スペインのカーニバルはとりわけ、はでな出し物で知られています。何千人もの住民・観衆が奇抜で色彩豊かな服で変装して街路にくり出し、山車《だし》、楽師たちとおどりながらねり歩きます。卵やオレンジをぶつけあったり、雄鶏《おんどり》を追い立てて走らせたり、町中に絵の具をふりまいたかのような極彩色のイベントです。

一七世紀には王命あるいは都市ごとの条例でカーニバルがたびたび禁止され、一八世紀のブルボン王朝の王たちによってもカーニバルを含む迷信・異教的な民衆の慣習・娯楽が批判されましたが、それでも民衆たちは伝統を絶えさせずに、守りぬいたのです。

近代にいたるまで、カーニバルが国中でこれほど盛りあがる国はほかにありませんでした。民衆文化とキリスト教の合体した、まさにスペインらしい情熱の表現形式です。

民衆たちの情熱は、こうした激しいもよおしで、一見反社会的になるように見えますが、じつは情熱を周期的にたえず運動させることによって、その腐敗を防いでいるのでしょう。このつねにみずみずしい情熱のおかげで、民衆たちは必要なときが来れば、聖なる目標に向かって高揚し、忍耐強く勇敢に行動することができるのです。

彼らこそが近代世界になって、貪欲《どんよく》・放縦《ほうじゅう》で尊敬されることのない王侯貴族、腐敗した教会や混乱したみじめな政治・社会状況を、一変させることができたのです。スペインは底辺は民主的で、実践的自由の国とも評されるのは、そうした民衆の動きに注目しての評言です。

第５章

社会分裂と領袖《りょうしゅう》政治

——19世紀前後——

カディス憲法を宣言する愛国者たち

一九世紀のスペイン政治は、無能な王の存在や制度的な不安定、身分・職業・地域のちがいによる利害対立、フランスの侵攻や疫病《えきびょう》・飢饉《ききん》などにより、終始危機と混乱がつづきました。大きな構図は、旧体制をなつかしむスペインと政治的自由主義を求めるスペインとの社会分裂を表しています。この分裂は一九世紀を越えて、二〇世紀後半まで尾を引きました。

スペイン独立戦争からカルリスタ戦争へ

一八〇〇年一二月に復帰した宰相《さいしょう》ゴドイは、ナポレオン一世と同盟してイギリス軍と戦いますが、トラファルガーの海戦で敗北(一八〇五年)し、スペイン艦隊は壊滅《かいめつ》します。さらに財政を立て直せないばかりか、大陸封鎖《ふうさ》令を拒否したポルトガルへの侵攻をねらうナポレオンにふりまわされるゴドイには、次第に国民の不満が高まっていきました。

そしてまもなく、政治を動かす「民衆」という実体が前面に出てきます。本書ではこれまで、スペインの文化や宗教がまさに民衆の思いの表現であること、また地位や身分・階級が高い人でも、多分に民衆性を備えていることなどを主張してきました。そしてスペイン人の民衆的な魂の情熱のほとばしりが、闘牛や祝祭に現れたことを示しました。ですから政治を民衆が動かすようになったとしても、不思議ではありません。

もう少しくわしく見ましょう。一八〇八年二月にナポレオンがパンプローナとバルセロナを占領すると、同年三月には「アランフェス暴動」がおきてゴドイは失脚、カルロス四世は退位して息子のフェルナンド七世(在位一八〇八、一八一四〜三三年)が王位につきました。

当初の標的だったポルトガルだけでなくイベリア半島全体を占拠しようとしたナポレオンに対し、民衆たちはマドリードでミュラ将軍に対する暴動「五月二日事件」をおこします。こうして全土で「スペイン独立戦争」(一八〇八〜一四年)が始まりました。まさに集団的情熱の奔騰《ほんとう》で、一九世紀から二〇世紀にかけて何度も再来する民衆発の政治的情熱の最初ののろしです。

民衆にはゴドイやカルロス四世に対する共感はなく、むしろ彼らがフランス軍への協力姿勢を見せていたことから怨嗟《えんさ》の声を投げつけていました。民衆はさらなる改革をめざします。

北部地域、セビーリャ、バレンシアなど各地方で設立された抵抗組織「地方評議会(フンタ)」が統治権を引き受けて綱領書を発布し、のちにそれが「中央最高評議会」へと受けつがれていきました。職人、農民、自治警備隊員、ゲリラ部隊らは結束して貴族や行政担当者の方針に反対しましたが、貴族たちはさまざまな派閥に分裂して一致した行動ができませんでした。

五月下旬、フランスに協力姿勢をとりつづける政府へ、地方(アストゥリアス、アラゴン、ガリシア)の評議会は協力をこばみます。独立運動はあらゆる階級へと広がっていき、組織化されない散発的な抵抗、すなわちゲリラ戦法も有効でした。そうこうするうちナポレオンはフェルナンド七世を退位させ、六月、自身の兄ジョゼフを王位につけました(ホセ一世)。

当初劣勢だったフランスは一八一〇年には攻勢を強めますが、ナポレオン軍のロシア遠征の失敗やイギリス軍のスペインへの援助もあり、一八一三年六月、フランス軍はピレネーの北に追い出され、翌年四月に休戦協定が結ばれます。こうしてフェルナンド七世が王位に復帰しますが、王は凡庸《ぼんよう》・粗暴で態度を豹変《ひょうへん》させることが多く、政治の混乱は止《や》みませんでした。

じつはその休戦の少し前、スペイン独立戦争を民衆主体で進める過程で画期的な「カディス憲法(一八一二年憲法)」が発布され、出版の自由、領主裁判権と異端審問所《いたんしんもんじょ》の廃止などを宣言したのですが(本章扉絵)、復帰したフェルナンド七世が誓約せずに無効になってしまいました。

自由主義運動も、穏健《おんけん》な「一二年憲法派」と若い世代の「熱狂派」に分裂、この間、各地に約二七〇もの「愛国協会」(一種の革命クラブ)ができて政府批判をくり広げました。しかし一八二三年には王は絶対主義を復活させ、反体制派の市民を弾圧しました。

その後もスペインは、王をかつぎ旧来の保守的な体制を守ろうとする派閥と自由主義実現をめざす派閥が対立、四〇年代にかけて政権交代やクーデターが連続する乱然たる情況でした。これをカルリスタ戦争(第一次は一八三三～三九年、第二次は一八四六～四九年)とよんでいます。フェルナンドが後継者に指名した娘のイサベルが三歳で即位すると、フェルナンドの実弟ドン・カルロス——勝手にカルロス五世を名乗りました——をかついで「神、祖国、国王」をスローガンに絶対主義体制を維持させたい勢力(カルリスタ)が武装蜂起《ほうき》します。これに対抗してイサベルの摂政《せっしょう》の母后《ぼこう》マリア・クリスティーナは、自由主義派と手をくむことにしたのです。

カルリスタを支持していたのは聖職者のほか農村や山間部の反革命的な民衆で、自由主義派には都市住民や開明的官僚・貴族たちが属しました。フランスとは真逆の「保守的な民衆」の姿が垣間見《かいまみ》えます。多くの民衆は王政や貴族に不満をもつ一方で、フエロ(地方特別法)や伝統的な共同体慣行を守ることを望みカトリック教会の意を迎えていたため、中央集権や自由主義経済に反発したのです。

そうしたいわば国家分断のなかでも、いくつかの改革がなされました。一八三〇年代にはカディス憲法の条項が復活、自由主義が確立して封建的土地所有がブルジョワ的土地所有へと次第に転換していきました(図5-1)。

5-1　19世紀バルセロナのブルジョワたち

また六〇年代からは国内鉄道網が整備されました。とはいえ、うるおったのは台頭してきた一部のブルジョワ・資本家のみで、農民層の解放は進みませんでした。

イサベルの統治期間（一八三三～六八年）には、軍や諸党派、あるいは廷臣《ていしん》間の対立により、陰謀《いんぼう》がうず巻きクーデターもおきますが、女王の対応は手前勝手で、しだいに多くの人の目に、女王はたえがたい存在に見えはじめます。

小麦の凶作が各地で食糧暴動を引きおこし、民衆が反政府運動に合流すると、二人の進歩派将軍が蜂起して女王は退位させられ、フランスに亡命します。その後、王位は空位となり憲法制定議会での投票で選ばれたイタリア王ヴィットリオ・エマヌエーレ二世の次男アマデオの短い統治（在位一八七〇～七三年）の後、一八七三年二月一一日、大変な混乱のなかでスペイン最初の共和政（第一共和政、一八七三～七四年）が宣言されます。

ところがこの共和政は大統領がころころと交代するなど無政府状態におちいって、軍人の反発を買います。軍部は、今度は保守・自由主義穏健派側について、王政復古のために一肌脱ぐことになります。イサベルの息子アルフォンソ一二世が一八七四年末に王位奪取を宣言しますが、その後もしばらくは政治が混乱しました(一八七二〜七六年には第三次カルリスタ戦争)。

多発するクーデター宣言(プロヌンシアミエント)

伝統主義と自由主義の対立と政権のゆれ動きは一九世紀の間、いや二〇世紀に入ってもつづきますが、その交替のきっかけになるのが、一種の民衆的クーデター、プロヌンシアミエント(クーデター宣言/軍事蜂起宣言)でした。これは、まさにスペイン的な政治=軍事行動で、一九世紀に多発し、一九三六年のフランコ(ガリシア出身の軍人、くわしくは第6章参照)によるものまで活発な伝統として残りました。知られている四〇以上のプロヌンシアミエントのうち三〇近くが自由主義支持で、一八一四〜七四年に反復的に発生しました。

しかしつねに自由や民主主義を旗印《はたじるし》にしたわけではありません。反自由主義(例えばフランコ)のものもあり、そちらが成功することもありました。

最初期のプロヌンシアミエントは、フェルナンド七世復帰(一八一四年)後、凡庸・粗暴な統治に批判的な亡命自由主義者やフリーメーソンに結びついた若い士官が画策したもので、彼らのよびかけに多くの民衆が呼応したのです。プロヌンシアミエントの成否は、それを宣言する軍関係者が、いかに民衆たちのそのときどきの願望、いわば情熱の傾向を察知しているかにかかっていました。

その後も「赤いスペイン」(自由主義者)と「黒いスペイン」(カルリスタ)に二分したスペインは、王や女王がたえがたい存在と思えるやいなやプロヌンシアミエントをよびかけて王の首をすげかえ、政権交代しています。この手法は、スペイン・ナショナリズムの高揚と符節をあわせているように見えますが、――「革命」とはちがって――政治体制やイデオロギーによるのではなく、民衆がずっと守ってきた伝統意識を味方につけるやり方なのです。

不思議なのは、民衆たちは、政治の表舞台におどり出て主体になりえたはずなのに、そうはせず、ただ大きな承認の声をあげるにとどまったことでした。この国では「民主制」「自由主義」は、一九世紀にはまだ遠い彼方《かなた》にあり、フランスやイギリスを模範として議会制民主主義を構築し、改革プログラムを着実に実行していくことはありませんでした。

しかもプロヌンシアミエントには継続性がまったくなく、民衆の意気はいったん盛りあがってもすぐに無関心に沈みます。その浮き沈みの激しさから、前出の思想家オルテガ・イ・ガセットは、プロヌンシアミエントを「スペインの病理」と批判しています。

気まぐれな集団的情熱が、軍のさそいに共振したとき、プロヌンシアミエント（宣言／布告）という形で浮上するのでしょう。軍隊の指導者たる将官が反乱の趣旨説明をするその「宣言」の多くには、恥知らずな政府によって侵害されたスペイン国民の名誉を守りそれを純粋なものにするために革命が必要なのだ、と記されています。ここでも「名誉」がキーワードなのです。

スペイン帝国の崩壊

この伝統主義と自由主義のたえまない争いの時期は、国外に目を向ければじつは「スペイン帝国崩壊」の季節でもありました。それはドミノだおしのような植民地の分離・独立運動に如《にょ》実《じつ》に現れています。

ナポレオンのスペイン侵入によってフェルナンド七世が退位させられると、王のいなくなった南米の植民地では、クリオーリョ（南北アメリカでスペイン人を親として生まれた白人）がいくつかの評議会を立ちあげ、一三世紀、アルフォンソ賢王時代の七部法典にのっとった自治を行いました。その自治の経験に加えて、フランス革命およびアメリカ独立戦争の諸理念の影響もあり、リベルタドーレス（解放者）に率いられた独立闘争がおきたのです。彼らは、しばしば外国の傭兵《ようへい》や私掠船《しりゃくせん》の助けも借りて、独立闘争を戦いました。

南米ではシモン・ボリバルとホセ・デ・サン・マルティンが、独立闘争の最終局面を率いていました。スペイン語諸国を統一して独立させようというボリバルの計画はうまく運ばず、たがいに争いあい、多くが勝手につぎつぎ独立してしまいました。これに関連して中央アメリカ(メキシコ)でも一八一〇〜二一年に独立戦争が戦われ、アグスティン・デ・イトゥルビデが発表した独立のための三原則を全党派が受け容れてメキシコが独立しました。

かくして一八一一年パラグアイとウルグアイ(ブラジルからの独立は一八二八年)、一八一六年アルゼンチン、一八一八年チリ、一八一九年コロンビア、そして一八二一年にはもっとも多く、ベネズエラ、コスタリカ、グアテマラ、ニカラグア、ホンジュラス、エルサルバドル、メキシコ、パナマ、ペルーが独立します。さらに一八二二年エクアドル、一八二五年ボリビア、そして四〇年後の一八六五年にはドミニカ共和国が独立しました。

このように、キューバ、プエルトリコ、そしてフィリピンをのぞいて、一八一〇年代から二〇年代にかけて大半のスペイン植民地が失われたのです。スペインの黄金世紀は、三十年戦争の結果、ヨーロッパ内の領土と覇権《はけん》を失ってとうの昔に終焉《しゅうえん》を迎えていたのですが、植民地帝国としては一九世紀まで維持されたことが、不思議といえば不思議です。

中南米のスペインの植民地・副王領では、本国が任命し王権の意をくむコレヒドール（国王代官）が、インディオへの高額の人頭税を徴収するのみか、エンコミエンデロの力を侵《おか》しながら私腹をこやすことに血道をあげ、またレパルミエント（商品強制分配）制度を利用して必要もない物品をインディオに売りつけていました。さらにブルボン朝下の本国が採用した保護貿易政策のために、植民地の自由貿易と経済発展が防げられてしまいました。

ないがしろにされた植民地では、インディオのみかメスティーソ（白人とインディオの混血者）、クリオーリョも不満をつのらせて、独立闘争に乗り出したのです。

魂の音楽としてのフラメンコ

では、スペイン帝国の消滅ととめどない政治の混乱の季節には、どんな文化・芸術が栄えたのでしょうか。

スペインを代表する芸能としては、フラメンコがすぐに思い浮かぶでしょう（口絵16）。しかしこれはもともとスペイン全体の芸能として享受《きょうじゅ》されたわけではありませんし、またその形式やルールも一定ではなく、時代とともに変わっていきました。そしてようやく一九世紀になって、形を整え国民芸能の代表選手になりました。

起源はスペイン南部、アンダルシア地方にあります。そこには初期中世以来、キリスト教徒のほか、アラブ人、ユダヤ人らがずっと共存しており、独特な民族音楽が鳴りひびいていました(図5-2)。その流れのうえにフラメンコができあがったというのが有力説のひとつです。

もうひとつの有力な説は、スペインの少数民族のなかでも流浪《るろう》の民《たみ》としてとくに社会的立場が弱かったジプシー(ロマ)が、一五世紀末から一八世紀にかけて当局に迫害され社会的差別を受けつづけた無念と苦衷《くちゅう》を、音楽にのせて表現・発散させ、それがジプシー同様の境涯《きょうがい》の貧者、被抑圧者などの間にも広まっていったのがフラメンコの起源だ、というものです。

より説得力があるのはこの二つの説の折衷《せっちゅう》で、ジプシーの民謡《みんよう》とアンダルシアの民族音楽の融合説です。いずれにせよフラメンコは時代状況に応じて変容しつつ、まずアンダルシア各地、ついでマドリードなど中部、さらに北部へとスペインじゅうに広まっていきました。

完成した形では、歌(カンテ)、ダンス(バイレ)、ギター(トーケ)の三要素が不可欠です。それらの三要素の相乗効果により、人間の体験の根っこにあるものをまざまざと表現するのです。愁訴《しゅうそ》するようなしゃがれ声、エネルギッシュに押し出される言葉。最初ごく小さく音節が長くのばされたうめき声が、やがて耳をつんざく悲嘆の声へと増大し、ついで急速なテンポに押しせまってきます。しかし最後には臆病風《おくびょうかぜ》にとらわれたかのようにおとろえ、くずれていくのです。怒りと憤懣《ふんまん》が悲哀とあきらめに交替し、荒涼たる悲しげな感情が歌い手をつらぬいていきます。
　さけび声、よびかけには、抜群の間合いでギターがこたえ、カンタオール（男性歌手、図5-3）やカンタオーラ（女性歌手）の声の周りを情愛深くたわむれ、あるいは脈動するかき鳴らしで音曲を前に進めるのです。フラメンコの歌に寄りそうギターは一八四〇年頃に普及し、一九世紀後半になると歌の伴奏だけでなく独自の即興演奏も行うようになりました。

5-2　ギュスターヴ・ドレ作「アンダルシアのおどり」

　フラメンコの確立と普及にあたってもっとも力があったのは、カフェ・カンタンテ（歌声カフェ、口絵15）です。知られている最初のものは、一八四二年セビーリャにでき、すぐにアンダルシア主要都市（セビーリャ、マラガ、カディス）のほかマドリード、バルセロナなど、スペインじゅうに広まっていきます。薄明るいランプに照らされ、けむりっぽいにおいの充満したホールには、格好をつけた農民や職人が藁製《わらせい》のいすに座り、食事をとりアルコールを飲みながら、板ばり舞台の上演を楽しみました。

　ジプシーの魂のさけびのようなほの暗いカンテ形式のシギリーヤを大得意とし、カンテ・フラメンコを大幅に向上させたシルベリオ・フランコネッティ(一八三一?~八九年、図5-4)も、カフェ・カンタンテの経営にたずさわり、自ら歌いました。シルベリオの後、抒情的《じょじょうてき》なマラゲーニャスを十八番《おはこ》とし、洗練された甘美な美声であらゆる身分・階級の者たちに絶大な人気を博したカンタオーレが、アントニオ・チャコン(一八六五~一九二九年)でした。

　はなやかで不思議な高速リズム、緊張感あふれるダンスはどうでしょう。一瞬音楽に先立つように動く手には指先まで感情がこもっていて、手と胴があえて異なったリズム・動きをすることもあるそうです。

　足は非常に複雑なリズムを靴音《くつおと》できざんでいきますが、この足拍子はサパテアードとよばれ、一般のタップとちがって床を擦《す》ることなく、つま先でもかかとでも上から床をまっすぐたたき、すぐに脱力して次に移るため、腰がふれながらも頭の高さは一定という打ち方です。

5-3　初期のカンタオール兼ギタリストのエル・プラネタ

足拍子のほか、指鳴らしや手拍子で調子を取ります。歌と同様に、おどりもよろこびや悲しみ苦しみ、あるいは自由への渇望《かつぼう》、家族への思いなどの感情を表すべく、気持ちをこめて情熱的におどるのです。

カフェ・カンタンテの時代(一八六〇〜一九一〇年頃)に基本スタイルが成立して最盛期を迎えたフラメンコは、その後衰退《すいたい》します。一九五〇年代には本格的カンテ復興の動きもありましたが、商業主義に呑みこまれた面も否定できません。それは闘牛ともども、スペインの保守性・反動性を代表するような「偽《にせ》のスペイン」の宣伝部隊にすぎないという批判もあります。

しかしフラメンコはアンダルシアの民俗芸能として出発したとしても、一九世紀以降はスペイン全体の文化の構成要素へと変じ、スペイン人共通の運命主義や悲劇的世界観、すなわち思想家・詩人のミゲル・デ・ウナムーノのいう「人生の悲劇的感覚」を絶妙に表していると私は思います。フラメンコは生命全体をゆさぶる情熱の音楽として、いかにもスペイン(人)にふさわしい芸能なのです。

5-4　シルベリオ・フランコネッティ

全一的な楽器、ギター

フラメンコにギターが不可欠であることからうかがわれるように、ギターはまさにスペインを代表する楽器です。ギターが最初に発明されて広く受け容れられたのがスペインであり、またスペインはいったんギターが登場すると、その後けっして人気を失わなかった稀有《けう》な国なのです。ギターの名曲・名手が目白押しなのもうなずけます。

ギターは単独の楽器でありながら、それだけで総合的音楽をかなでられる、という意味ではピアノに匹敵します。それはどんなオーケストラの楽器とも共演できるし、またほかの楽器(フルート、トランペット、オーボエ)をまねしたり、ピアノのように歌の伴奏もできます。「全一的な楽器」と称されるゆえんです。

両手でかかえ胸と腹にくっつけてつま弾きかき鳴らすギターの奏法は、身体と一体化しています。演奏者の指そのもので音源たる弦《げん》をかき鳴らし、間に介在するものが何もない——たとえばピアノは複雑な装置が介在しています——ため、音を出しているのはまさに奏者の指なのであり、その音に演奏者の全身全霊が乗り移って、それに共鳴した聴衆の魂をゆさぶるのです。これこそ「情熱」の楽器です。楽器とその音そのものが、スペイン人の国民性にピッタリです。

歴史をさかのぼってみると、一三～一四世紀に現在のギターの大元がスペインにあったようです。リュートに似たギターラ・モリスカ（モーロ風ギター）と、よりギターに近いギターラ・ラティーナ（ラテン風ギター）です。その後「ビウエラ」という名でよばれる撥弦楽器《はつげんがっき》がさまざまに工夫され、宮廷・上流階級で愛好されました（図5-5）。側面の曲線がより丸くなりウェストが優しくカーブするギターの元祖も現れました。

そして一六世紀になると、スペインはギター生産・演奏の先頭を走るようになりました。一六～一七世紀には、それまでの四コース（弦は二本ずつの複弦が四組の計八弦）ではなく、五コース（複弦が四組と単弦《たんげん》が一つの計九弦）が人気になります。バルセロナ近くのモニストル生まれの医者ホアン・カルロス・イ・アマート（一五七二～一六四二年）の『スペインのギター』（一五九六年刊、図5-6）は、最初期の五コース・ギター教本として知られています。

一八世紀の末葉《まつよう》まで五コースが一般的で、その後一七七〇～一八五〇年代の試行錯誤を経て六コースの「古典ギター」ができ、しかも従来の複弦から単弦（つまり六弦ギター）になりました。

5-5　ルイス・デ・ミラン著『エル・マエストロ』に付されたビウエラ図

GUITARRA
ESPAÑOLA, Y VÁNDOLA,
EN DOS MANERAS DE GUITARRA,
Caftellana, y Valenciana, de cinco Ordenes, la
qual enseña de templar, y tañer resgado, todos
los puntos naturales, y b, mollados,
con eftilo maravilloso.
CON LICENCIA:
En Valencia en la Imprenta de Aguftin
Laborda, vive en la Bolsería. Año 1758.

5-6　アマート著『スペインのギター』

一六世紀以降になると、こうして完成していったギターのための曲もたくさんつくられるようになりました。ダンスや歌の伴奏から教会音楽までさまざまなジャンルがありましたが、もっとも大切な様式が「ファンタシーア（幻想曲）」です。ギター音楽の種類としては、ほかに「ホタ・アラゴネーサ」「フォリーア」「セギディーリャス」などがありました。

貴族の趣味が変化して彼らの心がギターから離れていっても、宮廷外ではそれは生活の本質要素でありつづけ、民衆の歌やダンスには、つねにともなっていました。道端でもお祭りでも市場でも、スペインではいつもギターの音が聞こえていたのです。

「グランド・ツアー」（良家の子弟が教育のしあげとして行うヨーロッパ各地への大旅行）でスペインを訪れる旅人は、小さなカフェや舞踏会《ぶとうかい》でギターの伴奏でおどっている人々の姿を、欠かさず目に留めています。

たとえば一七七六年、イギリスのジョン・ホーキンズ卿《きょう》は、ロマンチックなスペイン青年が恋人にセレナーデを歌うところを目撃し、誌《しる》しています――「マドリードやほかのスペイン諸都市では、ギターをかかえ暗い手さげランプを下げて歩いている若者をよく見かける。彼らはある家の窓の下に陣取って、ギター伴奏で歌をひとくさり歌うのである。そしてまた、主要都市の職人や労働者で、仕事が終わったあと、広場や公共スペースに行ってギターを弾いて楽しまないようなことは、めったにない」と。

また、第2章で紹介した作家、テオフィル・ゴーチエはその『スペイン紀行』で、立ったままボロ馬車につめこまれたかわいそうな兵士たちの奇跡的な忍耐と節制に感嘆しながら、これらの兵士らがパンやくつを欠いていてもギターだけは持っていることに驚いています。

こうして、一八世紀後半から一九世紀にかけてが、まさにスペインがギターで世界を率いていった黄金期と言えましょう。ギター作者や名演奏家・教師が輩出し、弾き手も聴き手もずっとふえていきました。

一八五〇年代から九〇年代には古典ギター制作がさかんになります。とくにアントニオ・デ・トレス・フラードという「ギターのストラディヴァリウス」とあだ名される名工のつくったギターは、音の美しさと力強さがきわだっていました。トレスが近代古典ギターの導入者とすれば、偉大な演奏者でテクニックを開発したのがフランシスコ・タレガ(一八五二〜一九〇九年)でした。フラメンコの不可欠の要素としてギターが活躍した一九世紀には、ギターは独立ソロ楽器としても、情熱の国において魂の声をひびかせる楽器になったのです。

ロマン主義文学

一八世紀のヨーロッパで流行した啓蒙《けいもう》思想は、スペインでは「カトリック的啓蒙」といういびつな形でしか生育しなかったと前に述べました。では、一九世紀のロマン主義はどうだったのでしょうか。

この世紀の出だしのスペインでは、ナポレオン侵入への抵抗、対仏スペイン独立戦争で愛国心が高揚しましたが、人々はブルジョワ的な理想には近づかず、かつての教会と国家が代表する伝統的価値に執着しました。そのため、自由や個人の権利をまず認めるところから発するロマン主義は、当初下火でした。

しかし一部には、自由市民を標榜《ひょうぼう》する者もいました。彼らは既存秩序に戦いを挑んで個人の権利を要求し、ロマン主義のリベラルな一翼を占めました。当然迫害を受けましたが、一八三二年恩赦《おんしゃ》があり、翌年フェルナンド七世の死を機に、フランスから亡命自由主義者たちが帰国しました。こうしてスペインでは、他国に比べかなり遅れてロマン主義が始まったのです。

前世紀の合理主義を否定し、あらゆる規範や権威に抗して個人の感情や空想の力を頼みにし、暗闇の世界や荒々しい自然、メランコリーに彩られた愛や死、墓地や廃墟《はいきょ》などのテーマを愛好すること、またオリエントや中世など遠い世界に対する夢想については、スペインでもフランスやドイツと共通していました。

しかしこの遅れたロマン主義は、当時の政治・社会・宗教情勢のせいでかなり複雑で混乱した展開を見せました。というのも、既存秩序への反乱・革命思想につながるもののほか、伝統回帰を旗印に「キリスト教、王権、祖国」を、自由思想やドイツの哲学者クラウゼの信徒らの思想――教育改革運動の思想的支柱になっていました――に抗して守ろうと奮闘するグループもいたからです。

スペインで一八三〇年代から五〇年代に栄えたロマン主義文芸の代表的作者のうちアンヘル・デ・サーベドラ（一七九一～一八六五年）は、傑作戯曲《ぎきょく》として知られる『ドン・アルバロ、あるいは運命の力』を書き、それはヴェルディのオペラ「運命の力」の原作にもなりました。非情な運命に抗して生き抜く主人公たちをスピーディーな場面展開で描き出した本作品は、スペインにおけるロマン主義の勝利を決定づけたといわれています。

詩人のホセ・デ・エスプロンセーダ（一八〇八～四二年）は、イギリスやフランスのロマン主義の詩に膾炙《かいしゃ》していて、厭世的《えんせいてき》な人生観、懐疑主義的立場から執筆していきました。ドン・フアンものの『サラマンカの学生』『悪魔の世界』などの長編物語詩のほか、いくつもの抒情詩があり、それらの作品には陰鬱《いんうつ》な情調がみなぎっています。

やはり詩人のホセ・ソリーリャ（一八一七〜九三年）にも、ドン・フアンものの演劇作品『ドン・フアン・テノーリオ』のほか、『東方詩集』『伝説集』などの作品があります。

スペインのロマン主義というのは、遅れて始まったうえにフランスやドイツほど大きな潮流にはならず、すぐに写実主義へと乗りかえられてしまったのですが、おもしろいことにスペインが「ロマンチックな国」として、ほかのヨーロッパ諸国のロマン主義者たちのあこがれの的になるのがこの時代でした。そして多くの文人がスペインに旅行にやって来て、あるいはとぼしい資料から夢想の翼を広げて、どっぷりと異国情緒にひたったのです。

地方の政治・社会を牛耳《ぎゅうじ》る領袖《りょうしゅう》（カシーケ）たち

一九世紀前半に植民地を失い帝国が完全に瓦解《がかい》したスペインは、国内の成長・発展に努めるべきでしたが、それさえなかなかできない事情がありました。幅広い国民の合意のうえに立つ国民国家形成も前途多難でしたし、封建的な規制や特権の撤廃も進まなかったからです。産業発展をさまたげた社会のしくみは、「カシーケ」政治（カシキスモ）に典型的に現れています。

カシーケとは、地方の政治・社会を牛耳っているボス、領袖です。彼らはもともと土地所有者ではなく、大借地農でした。しかし土地所有者の威光を借りて代理を務めながら勝手に共有地を私物化し、農民を排除していきました。

彼らは、一八二〇～二三年のカディス憲法復活や、一八三五～三七年の首相／蔵相メンディサバルによる改革（永代所有財産解放令公布、限嗣《げんし》相続制《そうぞくせい》廃止、領主制の廃止、農地囲いこみ自由化、メスタ解散）により、払い下げられた教会・修道院財産の競売に参加して、自らの所有地をどんどん拡張していきました。また没落した貴族からは、ただ同然で土地を買いあさりました。

こうして彼らは恐るべき農村ボス、大土地所有者になっていったのです。小土地所有者や物納小作人は不利な立場に立たされ、日雇い農は彼らの命じる通りに低賃金重労働で働きました。彼らは地方の予算・税金の増減も意のままで、さまざまな「手数料」で大金をかせぎました。

しかし彼らは小さな暴君・ならず者というわけではなく、それなりに知性があり事務能力を発揮して地方行政の中核にいすわったのです。農村のみならず小都市でも公職について、その勤勉さで敬意を払われることさえありました。民衆と知事をはじめとする地方の長との仲介役をはたし、国家組織の末端（行政機関のほかに、特恵企業、国策企業、サン・カルロス銀行など）にも入りこんで取りしきっていました。

さらに彼らには教会や私立学校や兄弟会の保護者——会長など——といった一面がありましたし、民衆たちの「友」という顔も見せていたために、しぶとく生き残れたのです。

彼らの恣意《しい》的《てき》な政治=カシキスモは、選挙を思うままにあやつることで可能になりました。カシーケは、議会選挙では党ごとに中央で作成されたリストにしたがい集票するシステムを牛耳り、集票と引きかえに、就職・兵役・融資・納税あるいは公共工事などで便宜をはかったり裏工作をしたりしました。

まさに汚職・腐敗のオンパレードです。自由主義者さえ、有産階級は利権政治にまみれていたほどです。法律はあっても、それをいかに適用するかはカシーケの意向次第だったのです。カシーケの増加により、一種の恐怖政治的な重苦しい雰囲気があちこちで広がっていったのは事実です。家庭の内情まで調べあげる監視態勢が、ひそかに敷かれました。ペレース・デ・アヤーラの『リモン家の没落』(一九一六年)には、カシーケが支配する「黒いスペイン」へのうらみと憎しみがいかに強かったかが、生々しく描き出されています。

自由主義とか保守主義とか、左翼《さよく》とか右翼《うよく》とかいったような政治理念は、この時代のスペイン民衆には二の次でした。地方の特権(フエロ)や農業における共同体慣行への侵害に拒否反応を示し、自分たちの今の生活を変えたくない、という農民の多さが、カシーケの暗躍を許していたのでしょう。カシーケが退場するのは、ようやく一九三〇年代のことでした。

工業発展のきざし

こうした事情で、スペインでは一九世紀という科学と進歩の時代にも、市場経済はもちろん新たな農業技術導入にも抵抗がありました。一九世紀初頭には、中世から近世にかけて名を成した手工業、とりわけ織物・布関係の主要生産地(ラシャのベハール、セゴビア、ブルゴス、クエンカ、じゅうたんのブリウエガ、絹のトレド、グラナダ、ムルシアなど)が沈滞していきました。

しかし一八三四年と三六年に王令が発せられ、自由な競争をはばんできたギルド体制が解体されたおかげで、綿工業・製鉄業の飛躍が始まります。第一次カルリスタ戦争後には、一八四三年から一〇年たらずの短い期間に急速な産業発展が見られました。蒸気機関が登場して船舶の動力になり(一八四六年頃)、バルセロナ―マタロ間の鉄道も開通します(一八四八年)。財政改革の結果、経済が健全化して、公共工事が始まります。その一環として運河掘削《くっさく》に力が入れられ、河川も航行可能なものになっていきました。アンダルシアでは鉱山開発が活発化し、同地方のエレディア、マラガ、ノルテ、そしてバスク地方で製鉄業がさかんになりました。

政府は一九世紀後半にも工業開発に注力しましたが、鉱山業を除けばあまり大がかりな事業はありませんでした。アストゥリアスでは炭鉱業に勢いがあり、また金属・機械工業が伸長しました。カタルーニャでは繊維産業が紡績機などの機械化の波に乗り、大きく成長しました。その後、ヨーロッパに門戸を開いていたカタルーニャおよびバスクでは外国資本が流入し、自由貿易の活況にも乗って、一九世紀の最後の二〇年には新たな製造業――機械や造船、あるいは金属加工など――が発達していきました。

こうして一九世紀のスペインでは、周縁部の工業化途上にある地域に、中央および南部の大所領における農村の古風なスペインが対立するという、経済レベルでの構図ができあがりました。そして社会的には、平衡《へいこう》の役目をはたせる中間階級の不在のなか、古い貴族・大ブルジョワと貧しいプロレタリアートが対峙《たいじ》していました。

王政復古と米西戦争

混乱を極めた第一共和政の末期、亡命していたイサベルの息子アルフォンソ一二世(在位一八七四~八五年)が登位して、ブルボン家が復活します。二つの共和政にはさまれた王政復古期(一八七四~一九三一年)です。アルフォンソ王は一八七六年には議会君主制に理論的基礎をすえた憲法を採用して、立憲君主制をアピールします。ただしカトリックが再び国教になってナシヨナリズムを支えましたし、王権は政治に介入する権利を保持していました。

アルフォンソ一二世は心根が優しく国民に愛されましたが、早く亡《な》くなり、王妃マリア・クリスティーナが、生まれたばかりのアルフォンソ一三世の摂政《せっしょう》(一八八五〜一九〇二年)になります。摂政期の政治的安定を確保するため、一八八五年、当時の首相カノバスの働きかけでパルド協定が締結され、以後自由党と保守党が連立し、政権は交互に計画的に担《にな》うことを定めました。また、王妃は出版の自由や囚人への恩赦で寛容な姿勢を見せましたが、一八九〇年の男子普通選挙制度の採用にもかかわらず、選挙はカシーケとそのパトロン関係によって左右されたままでした。操作され、あらかじめ決まっている選挙結果に民主制への愚弄《ぐろう》を感じとり、うんざりした民衆たちは投票を棄権するようになっていきます。

上記二党以外の政党が国政から排除される状況に不満をいだき、あまつさえ経済状況の悪化に苦しんだ労働者や農民は、街頭デモや暴動にくり出しました。しかしそれらの騒乱・抗議活動は、治安警察によって厳格に取りしまられ、鎮圧されてしまいました。

摂政を戴《いただ》く議会王政は、結局、国民の国家再生の期待に応えられず、それに散々な結末となった米西戦争(キューバの反スペイン独立運動激化のなかでおこった、アメリカとスペインの間の戦争)が追い打ちをかけました。パリ講和条約(一八九八年)でキューバは独立し、プエルトリコとグアム、そしてフィリピンはアメリカに奪われてしまいました。

一方で伝統的カルリスタが、他方ではバスクやカタルーニャの地域主義者が、政権に不満をつのらせていきます。またアナルコ・サンディカリスム（無政府組合主義）の影響を受けた労働者階級の反抗にも、政府は適切な対応ができませんでした。

こうした行きづまり感ただよう世紀末のスペインは、「九八年の世代」という芸術家・思想家・小説家たちを生みました。彼らは国家の敗北を内面化し、それぞれ刷新の道を模索していきます。ミゲル・デ・ウナムーノ（思想家）、マチャード兄弟（詩人）、アリソン（小説家・評論家）、ピオ・バロッハ（小説家）、ハシント・ベナベンテ（劇作家）、ラミーロ・デ・マエストゥ（評論家）、バリェ＝インクラン（小説家、第6章参照）などがその代表です。

国民意識形成の難しさ

一九世紀というのは、ヨーロッパ各国でナショナリズムが盛りあがり、またたがいに角突《つのつ》きあわせて戦争が頻発した世紀です。中世からずっと分裂していたイタリアやドイツで国家統一運動が盛りあがって統一が成ったのも、この世紀の後半でした。

スペインはすでに一五世紀末から、ほぼ現在とおなじ版図《はんと》で「統一」されていたとも考えられますが、その王政は、外国の王朝との血縁関係のせいで、つねに動揺していました。さらに地域ごとに歴史や風土が大きく異なるため、国民的まとまりもなかなか達成できませんでした。

ナポレオン軍の侵入に際しては愛国心が発揚し、国民が一致して独立をめざしましたが、どんな政体でまとまるのかがなかなか決まりません。立憲自由主義を採用する革命派と、旧来の王政を支持する保守勢力が対立し、革命と反革命のくり返しがこの世紀を分けあっていました。

しかしこうしたなか、国家による上からの国民形成が少しずつ進んだのも事実です。一八三三年には行政的単位としての地方は消えて、かわりに四九県がつくられました。法や政治体制が統一され、全国民に国への忠誠が求められます。

教育体制の整備、カスティーリャ語の公用語化なども推進されていきます。民衆の意識はまだ地域に根付いたままなのに、国家官僚によって「スペイン国民」が創造され、スペイン＝唯一のネーション（国民国家）という像が、出版物を通じて流布《るふ》されていったのです。

ところがスペインがイタリアやドイツと異なるのは、こうした国民創造が進めば進むほど、逆に地域主義に火がついて盛りあがり、中央とは別の地方アイデンティティーを民族主義的に激しく主張する場面が多発したことです。一九世紀半ばのカタルーニャ、バスク、ガリシアなどが民族主義発揚のおもな舞台でした。カタルーニャやバスクでは中央よりはるかに経済が進展し、産業革命の中心たる「スペインの工場」になって自信を深めていたのです。政治運動化するのは、カタルーニャでもバスクでも一八七〇年代からで、言語・文化・制度・習俗など地域に固有なものを公的に守り、自分たちのアイデンティティーとしていこうとする民族主義が高揚しました。

このように一九世紀のスペインでは、ナショナリズムと地域ナショナリズムが並行して高揚していきました。ところがスペイン人はつねに自己中心的で、祖国や地方に殉《じゅん》ずるというよりも、反対に個人や家族に国や地方を従属させていきました。個人は家族を生の宿として、感情もそこで育まれました。ですから故郷・地方は家族の延長として親愛の情がそそがれることがあっても、国民意識をどうイメージしたらよいのか、彼らには、なかなかわかりませんでした。フランスやイギリスのように、国民的利害を第一に自由主義運動を進めるブルジョワは、一九世紀のスペインには登場しなかったのです。

黄金世紀が過ぎ去った後、そして帝国がくずれ去った後、さらに反聖職者主義が広範な層に広まってカトリックによる統合力も弱くなった今、「国民国家」をどう組み立てたらよいのか、スペインの指導者たちは途方にくれていました。

第6章

内戦・自治州・EU

——20世紀以降——

自治を求めるバスク人の集会

スペインでは、一九世紀末になっても政治はますます混迷し、社会問題も抜本的改革がなされないままでした。絶対的な力のない国王は、私利私欲にとらわれた怠惰《たいだ》な顧問官《こもんかん》の口車に乗って大臣を粗製濫造《そせいらんぞう》し、政権の所在は対立する党派を行ったり来たりしました。最後には、民衆自らが政治を動かすしかありませんでした。

アルフォンソ一三世の親政と第二共和政

マリア・クリスティーナ母妃《ぼひ》の摂政《せっしょう》期のスペインでは、フィリピン、キューバ、プエルトリコなど最後の海外植民地を失い、国内的にも政治不信が極まっていました。一九〇二年に、一八八六年から王位にあったアルフォンソ一三世(在位一八八六～一九三一年)が成年に達したので、ようやく親政が始まりました。

この時代には、労働運動がさかんになったことが注目されます。都市化の進展のなかでプロレタリアート化していく者も多く、米西戦争でバルセロナやビルバオは繊維・製鉄・造船・機械などおもだった産業の海外市場を失って、労働者たちが不満を抱えていました。産業革命が進み、それまでのカシキスモの足下が崩されていったことが、不満に具体的行動を与える糸口になったのです。

ふてぶてしく生き残る寄生地主に対して、ようやく自分たちの階級意識を先鋭化させた農民・労働者らは、アナーキズム、マルクス主義、サンディカリスムなどの急進思想に引き寄せられていきました。

そして組合組織を拠点に、政治運動と文化運動をくり広げるようになったのです。社会労働党という政党や「労働者総同盟(UGT)」(社会主義系)ができ、これらの組織は、娯楽、学習、社交の場としても機能しました。さらに一九一〇年には、アナルコ・サンディカリストによる連合運動=全国労働連合が展開され、その後、内戦にいたるまでスペインの労働運動を指揮しました。テロやストライキ、裁判闘争などが組織的に行われるようになったのもこの頃からです。

こうした運動は、かならずしもうまくゆくとはかぎらず、成功するためには軍部(将校グループ)の協力、つまりプロヌンシアミエントが不可欠でした。しかしそれでも、カシーケにかわって民衆が政治を左右しうることを、支配者たちに知らしめる効果はありました。

一九一四年に第一次世界大戦が勃発すると、スペインは中立政策をとります。交戦国への石炭・鉄鋼・繊維などの輸出が激増し、異例の軍需景気で経済が急伸しました。都市が成長して道路網整備が進み、電力産業、ダム建設、セメント業が発達しました。しかし組合活動・労働運動や民衆暴動はおさまらず、政治は一向に安定しませんでした。

そうしたなか、一九二三年にはミゲル・プリモ・デ・リベラ将軍がプロヌンシアミエントをおこして独裁を敷きます。こうして一八七六年以来の立憲君主制は終焉《しゅうえん》し、軍事評議会が議会を停止して検閲を始め、諸制度を軍隊のくびきの下におきました。

弁護士や経済学者、テクノクラート（技術官僚）らを政府の主要ポストに抜擢《ばってき》した軟弱な独裁とされるプリモ・デ・リベラ政権は、一九二〇年代イタリアのムッソリーニ・モデルに範をあおぎ、スペイン社会の再生と経済発展のため、産業の保護・育成と大規模な公共工事を行いました。

しかし長引く独裁は、左派勢力、地域主義政党ばかりか軍内部にも反発を誘発し、通貨危機と経済政策の失敗による資本流出がとどめの一撃になりました。孤立したプリモ・デ・リベラは一九三〇年一月に辞職し、すぐ亡《な》くなりました。

ところでスペインでは長い間、夫に奉仕して子どもを育てることが女性の本分とされ、彼女らは畑仕事をのぞけばほとんどの職業活動から排除されていましたが、プリモ・デ・リベラ独裁時代に、「新しい女性」がちまたを闊歩《かっぽ》するようになったのが目をひきます。パリの流行を追って、断髪《だんぱつ》に短いスカートというモダンなスタイルが、都市から一部の農村にまで広がったのです（図6-1）。男女平等を実現する法的権利の整備が進んだのはつづく第二共和政下ですが、それに先がけて、一九二〇年代に女性観の風向きが変わったのはたしかなようです。

6-1　フェデリコ・リーバスの描く「新しい女性」

リベラ独裁崩壊後、反王権主義の共和派と地域勢力がサン・セバスティアン協定（一九三〇年八月）を結び、また一九三一年四月の市町村議会選挙では主要都市で思いがけず共和派が王政支持派に勝利しました。そこで一九〇二年から親政を開始したアルフォンソ一三世も立憲君主制の復活をあきらめ、退位することになりました。

民衆の歓呼のなか、一九三一年四月一四日に第二共和政が宣言されました。そして自由主義、男女平等、政治と宗教の分離をおし進める第二共和国憲法が一二月に発布されました。

ワイマール共和国をモデルとし「知識人の共和国」とよばれた第二共和政は、最初社会労働党が主導しました。民主主義を重んじ地方自治にも理解のあるこの政権は、軍事改革、カタルーニャ自治政府容認のほか、貧農や労働者保護、農村への教育使節団派遣、信教の自由、カトリック教会の特権の剝奪《はくだつ》など、社会改革を積極的に推進しようとしました。

ところが大土地所有制度を解体させる農地改革などの大胆な政策は抜け道が多くて成果があがらず、大地主や軍部や教会のみでなく農民・労働者からも反発をあびてしまいます。急進化した右派と左派は相互にテロをおこし、治安は急速に悪化します。

一九三三年には右派勢力の組織化が進み、ファシスト的なファランヘ党とカトリック右派のＣＥＤＡ（スペイン独立右翼連合）が結成され、総選挙では右派が勝利します。これに対して左派勢力は一九三五年一〇月から「人民戦線」に結集し、一九三六年二月の総選挙で圧勝します。

第二共和政初期に首相を務めたアサーニャが再び首相、ついで大統領に就任し、農業改革などの施策を加速させようとしますが、はかばかしい進捗《しんちょく》は見られませんでした。しかも土地をもたない農民やプロレタリアートは中産階級と対立し、中産階級は軍部に保護を求めます。左右過激派の暴力的応酬もくり返されました。

そして七月一三日、王党派で右翼リーダーのホセ・カルボ・ソテーロが共和党の突撃隊に暗殺されてしまいます。これが悪名高きスペイン内戦（一九三六～三九年）のきっかけになりました。

スペイン内戦からフランコ時代へ

主義主張も利害もさまざまな左右両派と地方勢力、あるいは鉱山労働者などが反乱・蜂起《ほうき》をくり返す混乱のあげ句に、コルテス（議会）にも共和派にも政治の主導権はなくなり、昔ながらの派閥と民衆がイニシャチブを執《と》るようになります。左派はロシア共産党の影響を受けた共産党が、右派はファランヘ党と軍部が担《にな》い、両派のテロと暴力が続発しました。

一九三六年七月一七日に、フランコ将軍が率いるモロッコ守備隊が反乱を宣言（プロヌンシアミエント）、翌日スペイン全土の守備隊が呼応しました。さらにそこには、伝統主義のカルロス党、教会、ファランヘ党が糾合《きゅうごう》し、このファシストたちに反対する共和国政府を、アナキストや社会党、自治権を与えられたカタルーニャとバスク、あるいはマドリードやバルセロナなどの大都市労働者および共和国に忠実な警察勢力が支持する、という構図ができました。

フランコは同年一〇月には自ら国家元首と宣言し、自分は「赤い反スペイン」に対する十字軍を挑んでいるのだ、と主張します。彼を支持するナショナリスト兵士たちも、同様な旗印《はたじるし》の下に結束しました。

国家主義のフランコ派には、ヒトラーのドイツとムッソリーニのイタリアが支援を表明し、カトリック教会の支持もありました（図6-2）。スペインの動乱が周辺諸国に及んだり世界大戦

6-2　アンダイエ（フランス領バスクの町）でのフランコとヒトラー

につながるのを恐れたイギリス・フランスは不干渉を決めこみます。

　孤立しかけた共和国政府に手を差しのべたのは、ソ連とメキシコだけでした。しかし五〇か国以上から六万人近くの国際義勇兵が集まり、共和派を支持して武器を取り、こうして内戦は長期化していきます。

　この「二つのスペイン」の対立は、もともとまとまりのなかった社会を完全に分断してしまいます。一方の反乱軍すなわちナショナリストと他方の共和派および反教権主義者が、たがいに容赦ない攻撃・復讐《ふくしゅう》をしあいながら諸地方をおさえようと死闘をくり広げ、三年にわたってほとんど理由もなく五〇万人もの住民が殺されてしまいます。

　国家正統性をもつと信じる両派の激しく狂信的な争いのあと、一九三九年三月にマドリードが陥落してフランコに服するナショナリストが勝利し、内戦は終結します。

　フランコが政権をとると、共和国軍人と兵士・武装ゲリラ以外に、共和派の知識人、公務員、政治家、教師、労働組合の活動家、カタルーニャやバスク民族主義者などの人民戦線派関係者が徹底的に弾圧されました。マドリードではひと月で一〇〇〇人以上に死刑判決が宣せられ、終戦後三年のうちにおよそ二〇〇万人が投獄されたと推定されています。

せっかく内戦が終わっても、自由と平和はやって来ませんでした。それはフランコが、その後三十数年間も独裁者としていすわったからです。フランコは徐々にファランヘ党の一党独裁をかため、それを軍や教会、官僚などが支えました。

フランコは聖職者推挙権を特権としてもつ代わりに、エリート主義のカトリック組織であるACNP(カトリック全国布教者協会)やオプス・デイ(「神の御業《みわざ》」の意)という宗教団体所属の信徒たちを政権に取り立てました。また学校ではカトリックの教義にもとづく教育が行われるようになり、「国家カトリック主義」が推進されていきました。

当然、共産党やフリーメーソンや共和主義者は弾圧されて、社会は分断されたままでした。厳しい検閲と言論弾圧が行われ、個人の自由は保障されず、フランコの意向にしたがわない者たちには、職場追放と食糧配給差別が待っていました。

一九三九年に第二次世界大戦が勃発すると、フランコは中立を宣言し、国内復興に努めます。戦後は世界中からファシスト国と目されて国際連合からしめ出されていましたが、一九五三年には反ソビエト陣営の同盟者としてアメリカに認められて軍事基地貸与協定を結び、二年後には国連に加わります。

そしてフランコは経済立て直しのため、従来のアウタルキー（自給自足経済）をあきらめて、一九五九年、ＩＭＦ（国際通貨基金）に勧められた「経済安定化計画」すなわち経済自由化、緊縮財政、外資規制の撤廃などを受け容れました。

こうして政権の最後の段階（一九五六〜七五年）には、フランコの姿勢も経済面では大きく変貌し、その効果もあって、一九六〇年代になると奇跡の経済成長で一気に工業化が進められました。同時に観光振興策も実施されました。

残念ながらこのテクノクラシー（専門技術者による支配・管理）の進展は、政治面の自由化には、さほどつながりませんでした。ただし農村部を中心とする一五〇〇もの初等学校設立、就学前教育から大学教育にいたるまで五段階の教育課程が整備された点は、前進でした。

こうしたなか、着実にフランコの権力は弱まり、労働者・学生・自治論者や中産階級の異議申し立てがふえました。大学が反体制運動の中心的位置を占めるようになり、カタルーニャとバスクのナショナリズムも活発化しました。フランコは一九七五年一一月に亡くなりました。

ヨーロッパのなかのスペイン

一九七五年にフランコの独裁が終わると、スペインは再びブルボン家のファン・カルロス一世を国王に戴《いただ》く王国になりました。すぐさま新憲法がつくられ(一九七七年)、翌年末には、国民投票での圧倒的賛成を経て国会で制定されました。

憲法条文は、議会で多数を占めた民主中道同盟(UCD)に、左派の社会労働党、カタルーニャ民族主義政党「集中と統一」、さらにはフランコ政権の生き残り右派の国民同盟も議論に加わりながら、定めていったのです。これははじめての民主的な憲法で、現行憲法です。自由・正義・平等と国民主権のほか、議会主義的な立憲君主制、地方分権、多民族共生、連邦主義をうたう優れた内容で、亡命者たちも帰国してきました。

王政復古後、最初に政権を担ったのはフランコの流れをくむナバラ内閣でしたが、一九七七年の議会総選挙で民主中道同盟のスアレス内閣が成立し、さらに八二年には社会労働党の若き党首フェリペ・ゴンサレスが首班になって、同党は九三年まで政権を担当します。

一九八〇年の労働法改正で男女平等が定められたこともあり、女性の大学進学率が上昇、また社会進出も進みました。経済面では、フランコ時代の一九六〇年代の驚くべき経済成長は一九七〇年代半ばのオイルショックで頓挫《とんざ》し、それからは長期的な不況がつづいて高い失業率に苦しみました。しかし社会労働党政権下で回復して、着実に成長しました。

フランコ後に樹立された民主的な立憲君主制は、長らく正統性がどこにあるかわからない独裁制をたえてきた、あるいは自ら戴いてきたスペイン民衆が、それを無力化させて、新たな正統性を自由と民主という西欧的な理念に与《くみ》する形でうち立てたのです。

それまで抑圧されていた民主化運動が一気に息を吹き返し、王政でありながら、かつてない民主的な政治形態が立ち現れたのは画期的なことでした。どんな体制においても踏みつぶされることのない、生の情熱の——やっとのことでの——正しい方向性への流出の結果だと評することができるかもしれません。一九世紀から二〇世紀前半にかけ、何十回とプロヌンシアミエントをくり返してもはたせなかった政治体制が、ついに実現したのです。

ところでスペインとヨーロッパとの関係においては、中世以来、カスティーリャ主義とヨーロッパ主義がふり子のように行ったり来たりしていました。ヨーロッパを冷淡によそ者あつかいしたり(されたり)、かと思えばヨーロッパ化によってのみ唯一スペインは救われ発展するのだとして、ごく親密な関係を築こうと接近したり(アルフォンソ六世、アルフォンソ一〇世、カルロス一世、カルロス三世の時代など)、極端でした。

二〇世紀も後半になって、民主化の実現とともにようやくヨーロッパの本当の一員になることになりました。フランコ没後、ヨーロッパとの対話が可能になり、一九七九年からEC(ヨーロッパ共同体、一九九三年にEU=ヨーロッパ連合に発展)への加盟交渉がなされて、一九八六年に加盟が実現したのです。その間一九八二年には、NATO(北大西洋条約機構)に加盟しています。

ECへの参加は、スペインがずっととってきた「孤立」政策の放棄を意味する、現代史の大事件です。EC(EU)加盟は経済的な恩恵をもたらし、スペイン経済は一時の不況を脱して好調を維持します。とくにユーロを導入した一九九九年以降は、非常な勢いで経済発展しました。土地開発制限緩和、雇用流動化政策なども奏功したようです。

地域ナショナリズムと自治州国家の完成

前章では、スペインで国民意識を醸成《じょうせい》することの難しさと、それを醸成しようとすればするほど地域の民族主義が盛りあがってきたことを述べました。これは二〇世紀に入っても変わらず、自治を要求する運動はおとろえませんでした。

一九二三年のクーデターで成立したプリモ・デ・リベラの軍事独裁下で弾圧された運動は、第二共和政下で再燃しましたが、その後フランコが押さえこみました。ただしフランコ独裁下でも、一九五九年に結成されバスク民族(主義)党から分派したETA(バスク祖国と自由)という組織は、テロ活動をくり返しました。フランコの腹心だった首相カレーロ・ブランコが一九七三年にETAに暗殺され、国中を震撼《しんかん》させました。

一九七五年にフランコが亡くなった後の民主化時代には、一九七八年のスペイン憲法にもとづいて地方分権が進められ、一九八三年までに一七の自治州が認められました(口絵地図2)。自治州は独自の議会、政府、裁判所をもち、予算を立てて公共事業や文化活動を行えるようになりました。そして多くの自治州は、一九九〇年代に自治憲章を改定して権限を拡大していきました。

大学をはじめとする高等教育に関する権限は一九九八年までに自治州政府に移管され、さらに国で統一的に保健衛生を管轄《かんかつ》していた国立保健機構という役所が二〇〇一年に廃止されて、その分野の権限も自治州に移りました。カタルーニャ語、バスク語、ガリシア語などの地域言語は、標準スペイン語とならぶ各自治州の公用語となりました。

これで相当の自治権限を与えられたわけですから、満足かと思いきや、カタルーニャ人の多くは不満のようで、もっともっと自治権を拡大して、可能なら完全な国家としての「独立」をもめざそうという住民がふえています。

憲法裁判所で違憲とされようと、中央政府や国際社会が反対しようと、耳を貸さずに独立へと前のめりになるカタルーニャ自治州議会と州首相の態度に、中央政府がカタルーニャ州の自治権停止という厳しい制裁を科したのは記憶に新しいところです(二〇一八年六月に回復)。

カスティーリャ語よりも南フランスのオック語(プロヴァンサル語)に近いカタルーニャ語を話し、すばらしい文学を産出して独自の文化を築いてきたカタルーニャは、一六世紀からスペイン政府の中央集権的政策の犠牲となり、三十年戦争、スペイン継承戦争、ナポレオン侵攻に対するスペイン独立戦争というスペインとヨーロッパ列強(とくにフランス)との三つの戦争のなかで中央政府によって弾圧され、地方の自治が否定されました。

その後もプリモ・デ・リベラ軍事独裁政権時代およびフランコ時代には、公共の場でのカタルーニャ語や民族舞踊《ぶよう》の禁止、文化的機関の廃止、政治家や労働組合指導者の処刑など、ひどいしうちをうけてきました。政治的に分離するしかない、と考える人がいても不思議ではありません。

またバスク人はインド・ヨーロッパ語族がヨーロッパに到来する以前からピレネー山麓にいた狩猟民が祖先だとされ、その言語はヨーロッパ唯一の非インド・ヨーロッパ語系言語です。そしてバスク人は、バスク語を中心に詩や戯曲《ぎきょく》を創作して文化復興を成しとげようとするなど、独特な民族文化を守ってきました。また「バスク民族党」の政治運動を通じて自治権獲得運動を強化しました。

しかしカタルーニャとおなじようにずっと自治要求は圧殺され、弾圧がくり返されました。だからバスク人の骨髄《こつずい》に徹した中央政府へのうらみや独立願望も、理解はできます。

スペインの真髄《しんずい》とは、カトリックの伝統とカスティーリャの言語および生粋《きっすい》の血であるとするスペイン主義者は今は昔だとしても、新たな装《よそお》いのスペイン・ナショナリズムが民主的なスペイン憲法をかくれみのにして現れてきています。それに対抗する形で、民族・文化の異なった諸地域は別の国家として「独立」するのが正しいありかただと唱える地域ナショナリズムがエスカレートしているのです。しかしこの両者は裏表の関係にあると私は思います。

スペイン・ナショナリズムの行き過ぎはもちろん問題ですが、この国はどの地域も隣接地域との混淆《こんこう》・交流・統合を通じた数百年におよぶ複合的性格の歴史を有しており、そうした複合的性格の諸地域のゆるやかな集まりが、現在のスペインという国家なのです。

そしてイベリア半島で中世以降創作されたロマンセーロを眺めれば、二か国語並存・常用の慣習を反映した文学があったことがわかります。純粋なスペイン=カスティーリャ文化など存在したためしはありません。地方文化のほうも、他の地域との積極的な交流から生まれたものばかりです。

レコンキスタや海外植民では、カスティーリャ王国の下でバスク人が大活躍しましたし、バスク地方内でカスティーリャ語がごく普通に使われていました。

これをおもしろくないと思うのはスペイン・ナショナリスト以上に地域ナショナリストでしょう。彼らは知ってか知らずか、言語を根拠に民族のちがいを言いつのり、非カスティーリャ化、反中央集権主義の政治運動を遂行してきました。さらにカタルーニャの織物工業と重化学・機械工業やバスクの造船、製鉄、金属加工、冶金《やきん》などをてこにした経済的繁栄は、もともとその興隆《こうりゅう》を支援してきたスペイン全体の事業のおかげでもあるのに、貧しい地域に流れる自分たちの税金を取りもどしたい民族主義者たちは、それに忘恩で応えています。

アメリコ・カストロという思想家は、カタルーニャやバスクなどの民族主義者たちは、イベリア半島の多様な歴史を見れば全体性のなかでのみ意味をもっているものを、それ自体何か個別の独立したものととらえて、誤った議論をしようとしている、イベリア半島のあらゆる民族は、一二世紀に独立したポルトガルを含め、自分たちの過去と折りあいをつけていない、と主張しています。このあたり、本当によく考えてみなければなりません。

詩人ロルカ

では、ナショナリズムと地域主義が火花を散らした二〇世紀には、どんな文学・芸術作品が現れたのでしょうか。一九世紀末から二〇世紀にかけては文学が劇的に発展し――フランコが実権をにぎるまでは――モデルニスモと称される詩的運動が栄えました。これはラテン・アメリカから逆輸入された運動です。

たとえば、詩人・小説家にして戯曲も書いたラモン・デル・バリェ＝インクラン（一八六六～一九三六年）は、有名な四部作『秋のソナタ』『夏のソナタ』『春のソナタ』『冬のソナタ』で、モデルニスモの影響を受けて、背徳《はいとく》に侵された信仰を背景に没落貴族の生活、恋愛の諸相を絵画的・音楽的に描き出しています。彼はまた、グロテスクなイメージや鮮烈な色彩を駆使した、ユーモアと諷刺《ふうし》あふれる作品をいくつも発表しています。戯曲では『野蛮《やばん》喜劇』『ボヘミアの光』『聖なる言葉』などが知られています。

一九世紀末から二〇世紀前半のヨーロッパ各国の詩壇では、象徴派のように高度な修辞テクニックを駆使して抽象的理念にイメージを与えようとしたり、シュルレアリスムの詩人のように夢や幻覚、想像力や驚異に絶対的信頼をおいてそれらを表現しようという動きがさかんでしたが、民衆の国スペインにおいては、民衆の生、情熱の泉に身をしずめて言葉をくり出す詩人が登場しました。フェデリコ・ガルシア・ロルカ(一八九八〜一九三六年)です。まさに同時代スペインを代表する詩人として愛され、国際的にも著名です。

アンダルシア地方はグラナダ近くの小村に生まれたロルカは、あふれる感性の泉から言葉をくみ出して、愛と死、生への感謝と絶望を歌いました。故郷のアンダルシアの光景を歌うときも、熱情がほとばしるように、素朴な、心にしみる言葉で叙《じょ》されています。まさに民衆的要素を存分に利用して、しかもそれをたくみな古典的恋愛詩に練りあげているのです。代表的作品として『ジプシーのロマンセ集』(一九二八年)、『カンテ・ホンドの詩』(一九三一年)などがあります。前者は一四世紀からあるロマンセの伝統を、最新の前衛詩へと流し入れたものです。

一九三六年、フランコ将軍に内通した軍によるクーデターをきっかけに内乱が始まると、左翼系と目されたロルカはファシストのファランヘ党のつけねらうところとなり、八月一六日におそわれ、他の共和主義者とともに銃殺されてしまいました。この国民詩人の悲劇的最期《さいご》は、スペインばかりか世界の知識人に「自由の死」を告げるものとして衝撃を与えました。

第二次世界大戦後は、それ以前の写実主義や社会告発を旨《むね》とした小説から脱皮して、より芸術主義的な小説が主流になっていきました。トレメンディスモ、すなわち主観主義により現実をいびつにまた凄絶に表現する手法を用いたカミロ・ホセ・セラの『パスクアル・ドゥアルテの家族』や、カルメン・ラフォレットの『無』などを代表例と目することができるでしょう。

ピカソ、ミロ、ダリ

つぎに二〇世紀の画家、建築家について見てみましょう。

二〇世紀には、黄金世紀以来、再びスペインに偉大な画家、建築家が輩出します。もっとも有名なのはパブロ・ピカソ（一八八一～一九七三年）でしょう。生まれはマラガで、一八九五年には美術学校教師だった父の仕事の関係でバルセロナへと転居し、そこで青春時代を過ごしました。一九〇〇年からは何度かパリを訪れています。パリでは詩人のギョーム・アポリネールやマックス・ジャコブ、画家のジョルジュ・ブラックらと親交を結んで影響を受けました。

複数視点で切り子細工のように対象を分解表象したキュビスムの画家としてもっともよく知られているとはいえ、ピカソは時代ごとにその画風・様式を大きく変え、それぞれで先端を走っていきました。すなわちロートレック風のテーマ・技法から、社会の底辺の人々の悲哀を活写したいわゆる「青の時代」、芸人やサーカスをテーマにした静穏《せいおん》なる雰囲気の「バラ色の時代」を経て、アフリカや古いイベリアの彫刻から影響を受けた、素朴ながらエネルギーの充填《じゅうてん》した「プリミティヴィスム」へといたります。そして一九〇七年に描いた「アヴィニョンの娘たち」で、キュビスム(立体派)ののろしをあげます(図6-3)。
さらにその後「新古典主義の時代」「シュルレアリスムの時代」とつづきます。油絵ばかりか、水彩画、版画、素描《そびょう》、壁画、彫刻、陶芸などおびただしい数の作品を制作しています。

6-3　ピカソ作「アヴィニョンの娘たち」

情熱をめぐる私たちの行論と密接に関係するのは、ナチス・ドイツが台頭し、スペインでも軍靴《ぐんか》の音が高鳴るなか、ピカソによって闘牛にまつわる絵画が多数描かれたことです。ミノタウロスと闘牛を結びあわせた「ミノタウロマキア」をテーマとする一連の作品や、のちに反戦のシンボルとなった「ゲルニカ」(一九三七年)が代表例でしょう。
彼は闘牛に心酔し、生涯を通じて闘牛を描きつづけました。第4章で見たように、闘牛には死の影がまとわりついていますが、ピカソはこの人間・牡牛《おうし》・馬の生命をかけた戦いに、殉教《じゅんきょう》・供犠《くぎ》のシンボルを透視し、十字架上のイエスを重ねあわせ、やはり長年描きつづけてきた「磔刑《たっけい》」図と「闘牛」図が最後には融合していくのです。
つぎにジュアン・ミロ(一八九三～一九八三年)は、シュル

6-4　ミロ作「農園」

レアリスムの本流に位置するカタルーニャの画家で、バルセロナに生まれマヨルカ島で亡くなっています。自然を見つめて対話し、樹木や星、鳥や女性などの形象と記号を組みあわせるように配置する抽象画に優れていました。「農園」に代表される原色を基調にした大胆な色づかい、幾《き》何《か》学《がく》的空間処理、激しいデフォルメなどを使いこなし、うきうきするようなユーモア・明るい詩情・奔放《ほんぽう》さが画面全体から発散しています（図6-4）。

その空想的で奇抜なスタイルは、おなじシュルレアリストに分類されるダリやマグリットのような写実的描法とは大きくかけ離れています。風景画、肖像画、裸体画などのほか、石版《せきばん》印刷、陶芸作品、タピストリー、彫刻、公共空間への壁画も多く手がけました。

第三にサルバドール・ダリ（一九〇四〜八九年）は、カタルーニャ地方北部のフィゲラスの公証人の子として生まれた画家・彫刻家・作家で、やはりシュルレアリスムの代表選手と目されています。自《じ》己《こ》陶酔《とうすい》と誇《こ》大妄想《だいもうそう》で耳目《じもく》を引き、奇矯《ききょう》な行動もあって毀《き》誉《よ》褒貶《ほうへん》が著しいです。

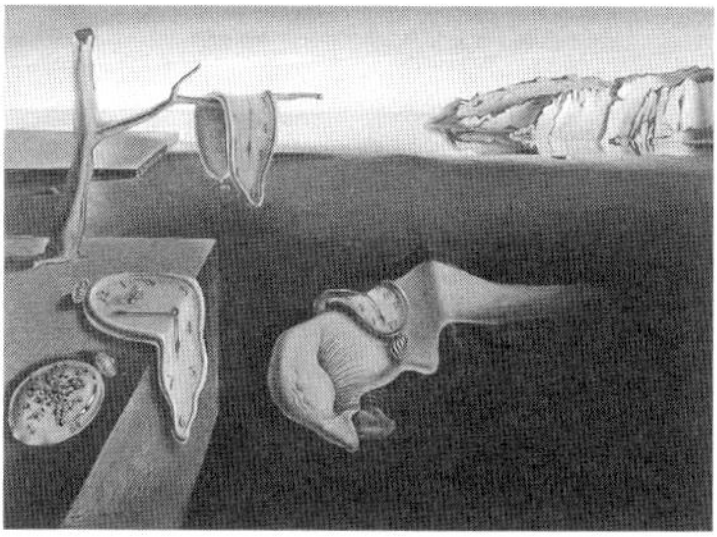

6-5　ダリ作「記憶の固執」

彼はマドリードの王立サン・フェルナンド美術アカデミーで修業し、さまざまな流派の感化を受けました。その後パリにおもむき、一九二九年頃には独自の境地を開きます。「記憶の固《こ》執《しゅう》」(一九三一年)は、古典的シュルレアリスムの時代の代表作のひとつで、グニャリと溶けつつあるような柔らかな時計が、世界の崩壊感覚を象徴しています(図6-5)。第二次世界大戦中はニューヨークに逃れ、一九四九年カタルーニャに帰郷しました。

多重イメージや細密描写を使って非現実の夢の世界、人間の隠れた欲望を描く「偏執狂《へんしゅうきょう》的批判的方法」を編み出した彼は、後年、カトリックに回心《かいしん》しルネサンス絵画に近づきます。そして同時期の科学進歩の影響を受けてからは、「原子核神秘主義」を開発しました。その主要テーマは、夢、性、食べ物、妻のガラ、宗教などです。「十字架の聖ヨハネのキリスト」(一九五一年)は宗教的モチーフの代表作で、第3章で「情熱の神秘主義者」と位置づけた十字架のヨハネが描いたデッサンが、着想源になっているそうです。

建築家ガウディ

最後に建築家のアントニオ・ガウディ(一八五二〜一九二六年)を取りあげましょう。彼もカタルーニャ地方のバルセロナ生まれの芸術家です。銅細工職人を父にもつガウディは、若い頃より建築を学び、まもなくカタルーニャ・モデルニスモ運動の重要な担《にな》い手になります。ヴィクトリア朝的な先行者のスタイルを脱して、幾何学的量塊《りょうかい》とパターン化した煉瓦《れんが》や石、明るいセラミックタイルと植物や爬虫類《はちゅうるい》のメタルワークなどの組みあわせで、独自のスタイルを築いていきました。

そのモチーフ上のもっとも大きな特徴は、自然の景観や動植物のイメージでしょう。森やキノコ、深海の海底や波頭《はとう》にゆれる海草、はたまた洞窟《どうくつ》や溶岩流《ようがんりゅう》のような生命力の神秘が、建物の内外をおおいつくしています。

一八八三年には、サグラダ・ファミリア教会の建設の——先任者ビリャールからの——引きつぎを依頼されます(口絵1〜2)。この瞠目《どうもく》すべき教会は、東、西、南のファサードがそれぞれ生誕、受難、復活を表し、身廊《しんろう》内部では六〇メートルの柱が上方で樹木のように枝分かれして広がっています。双曲線面やパラボラアーチ、多面体を使った釣りあい(平衡《へいこう》)スタイルを採りつつ、ゴシックやアール・ヌーボー的要素も含まれています。

資金不足に悩まされて何度も中止の危機に見まわれ、ガウディの生前《せいぜん》はごく一部が完成しただけでしたが、二〇二六年をめどに、百数十メートルの塔が一八本林立する大聖堂の完成が予定されています。バルセロナのみならずスペインでもっとも有名な建築物といって過言ではありません。

ほかにパトロンとなったグエル家のために邸館や公園、あるいはコロニア・グエル教会を設計しました。別の資産家のための邸宅、カサ・ミラやカサ・バトリョも有名です(口絵3)。内部の筋交《すじか》い(支柱)類や外部のひかえ壁などのまったくない、傾いた円柱のみで建っている邸宅は夢幻的です。歴史上のさまざまな様式から学びつつ、たぐいまれな色彩感覚と個性的な建築言語で建てられたガウディの建築の魅力は、比類ありません。

現代スペインの情熱はどこに?

二〇一七年現在、スペインの国内総生産(GDP)は一兆三〇七二億ドル、日本の三分の一以下ですが、先進工業国の仲間入りをし、公務員、技術者、ホワイトカラーなどの新中間層が多数生み出されました。料理や芸術を商品化して世界に向けて大々的に売り出すすべも覚え、バルセロナなどはいつも観光客でごったがえしています。二〇%を行ったり来たりする失業率の高さは相変わらずですが、堅調な経済成長で改善が期待されています。

しかしスペイン人はあまりにも長年にわたって根を張っていた習俗や規範を急速に捨て去ったために、物質面・経済面の展開に精神面・道徳面がなかなかついていかないという指摘もあります。このあわただしいとまどいの現代を生きるスペイン人の情熱は、どこに見出せるでしょうか。「闘牛」や「フラメンコ」はもちろんまだ健在ですが、いささか文化遺産・観光資源のような趣《おもむき》が強くなってきています。新たな現代的な情熱のはけ口はないのでしょうか。

一〇〇〇年以上にわたってスペイン人の精神を導いてきたカトリック教会は、政治的・社会的な重要性はいまだ相当ある――現在でもスペイン人の四人に三人はカトリックです――ものの、影響力の激減は否《いな》めません。急速な世俗化・脱宗教化が進んでいる状況で、かつてキリスト教の下で培《つちか》われた情熱的運動――神秘主義、新大陸への冒険――にかわる新たな運動が、キリスト教の力で生まれるとも思えません。

大衆スポーツはどうでしょう。現代スペインにおいては、闘牛以上に「サッカー」が人気です。スペインでは、一九世紀末期にイギリス人がアンダルシア地方の港町ウェルバの銅鉱山や鉄道会社の労働者・社員にはじめてサッカーを伝え、ほぼ同時期にバスク地方、マドリード、バルセロナなどでもチームが創設されたようです。

その後国内各地にクラブチームができて対抗試合が行われるようになり、一九〇三年にはアルフォンソ一三世の「国王杯」が、一九二八年には「リーガ・エスパニョーラ」が始まり、スポーツ専門雑誌・新聞・ラジオ放送との協働もあって、サッカーは今や最大の大衆的娯楽となりました。ですが、サッカーがスペイン国中で熱狂するスポーツになったとして、これを現代スペイン固有の情熱の現れと見なせるでしょうか。

6-6　クリスマス宝くじ

それよりもむしろ、国営ロテリーア（宝くじ）、とりわけ一八一二年からつづく「クリスマス宝くじ」が注目されます（図6-6）。毎年一二月二二日の朝は四時間近く、スペインじゅうの生活がゆったりとした抽せん会を中心にめぐります。

マドリードのテアトロ・レアルがその会場で、コレヒオ・デ・サン・イルデフォンソという一六世紀からの歴史を誇るカトリック系学校の生徒が、歌うような節回しで当選番号と当選金額を読みあげてゆき、観衆はかたずをのんで——現場であるいはテレビで——見守るのです。まるで全国民参加の壮大なミサのようです。この日の前後、テレビも町の話題も宝くじでもちきりです。《El Gordo《エル ゴルド》》(大当たりくじ)と俗称され、総額なんと二四億ユーロ、世界一の宝くじです。

じつにスペインの大人の九八%がこのくじを購入するといいますから、すさまじいものです。特徴的なのは、家族、友人グループ、会社の同僚、地区のバール・カフェ・クラブの常連たちなどが、集団で「おなじ番号」を買うという点です(このくじは、おなじ番号の券がたくさん販売されます)。もし当たれば「皆が当せん者だ!」ということになります。

たとえばフランス人だったら「個人」で購入するところ、スペイン人は日常付きあいのある者同士の「集団」で買うのであり、それがスリルと感動を倍加させるようです。歓喜も落胆もいずれも仲間と分けあえるなんて、どんなに素敵でしょう。

良きにつけ悪しきにつけ、自分だけが仲間はずれになることを異様に恐れ、自分の身近な人が——自分を差しおいて——突然金持ちになるより、まったくの他人が僥倖《ぎょうこう》に恵まれたほうが感情的に受け容れやすい、という国民性を指摘する学者もいます。

宝くじ熱は、新大陸にエルドラードの夢を見たコンキスタドールたちの欲望の現代版かもしれません。国営ロテリーアで億万長者になることを夢見るスペイン人の情熱は、どこに流れていくのでしょうか。その行方を静かに見守りましょう。

本書のまとめ

本書では、古代から現代までのスペイン史をたどるのに、時代ごとの「情熱」が色濃く宿った人やものや運動・文芸にスポットライトを当ててきました。

ローマ時代においては、武装解除を強制されるより自殺を選んだ猛烈な気性の古代イベリア人、アラブ時代には、官能的な恋愛詩文や嫋々《じょうじょう》たる雰囲気の宮殿、レコンキスタ時代には名誉を熱情的に追求した国土回復運動(レコンキスタ)の参加者たち、スペイン黄金世紀においては、熱烈な冒険心と名誉欲を抱いて新大陸征服に向かったコンキスタドールたち、赤色・血やキリスト受難像に熱狂した神秘家と一般信徒、派手な劇的表現のバロック建築や古典演劇、一八世紀のブルボン朝においては、死そして性と戯《たわむ》れる闘牛や漁色《りょうしょく》のドン・フアン、ゴヤの芸術、民衆の祝祭文化、一九世紀においては、魂の音楽としてのフラメンコとギター音楽、二〇世紀では民衆の政治的情熱の表現としてのプロヌンシアミエント……などなどです。

こうした「情熱」の表出を、各時代の主要な政治的できごとおよび社会のしくみとからませながら叙述してきたつもりです。その情熱は何より「民衆」たちのもの、その集団的生命の源からにじみ出るという性格が、スペインの歴史には刻印されてきました。

スペイン史の主役は、イギリスのように王様やジェントルマンでも、フランスのように貴族やブルジョワでもなくて、一貫して「民衆」だったということが重要です。

さらにはスペイン史を特徴づけるキリスト教徒・イスラーム教徒・ユダヤ人三者の文化交流が、この情熱に彩りを与えたことは、コンベルソという文化・社会の周縁に追いやられた者たちが、その身の上を秘匿《ひとく》しながら、もっとも先端的な文化的・宗教的業績をなしたことから推し量られます。

観光PRによくでてくる使い古された「情熱」というキーワードをあえて手がかりにして、スペインという国の成り立ちとスペイン人の振る舞いや習俗、文芸の歴史をたどって来ましたが、私がずっと念頭においていたのは、スペイン人の身体や精神と結びついた特性としての、いわば深い意味での「情熱」です。

それはサルバドール・デ・マダリアーガという現代スペインの作家・外交官が唱えている特性に近いものです。彼は『情熱の構造』(一九二九年)という書物で、フランス人が「思考の人」、イギリス人が「行動の人」であるのに対し、スペイン人の最大の特徴が「情熱の人」であるところにあるとしています。そしてその情熱とは、興奮を覚えながらも自分たちの内部を通り過ぎるままに放置する「生の流れと一致した感情」です。ですから情熱の人は意志をもって生の流れに働きかけてその速度や方向をコントロールするのではなく、ときに即興的で、その時々で自分が没頭するものに対しすべてをささげるのです。

それゆえ、情熱の人は全身全霊をかたむけて克服しがたい障害に打ちかつことのある反面、しばしば無関心・怠惰《たいだ》・受け身の態度を示します。ここからスペインの歴史を壮麗に彩ってきた、理性に打ちかつ神秘主義、あらゆる外的な法や掟《おきて》を越えた名誉の価値、不道徳主義と個人主義が生み出す冒険精神、観想と化した思考、生の感覚として集団生活にしみこんだ平等性の感覚、気まぐれな熱意の浮き沈み……などが表出したのだと説かれます。

こうした「情熱」のとらえかたは、とても啓発的です。私は、マダリアーガがスペイン人論としてかなり一般化・抽象化して述べていることを、古代から現代までのイベリア半島内外の複雑な歴史の展開と関連させながら、具体的に考えてみました。

歴史の進展の過程で、情熱は、ひとつのものに収斂《しゅうれん》することなく、時代によってさまざまなものに飛び移りました。戦闘と名誉追求に、恋愛と殉教願望に、赤い色に、バロック美術に、神秘家の霊性とキリスト受難への愛着に、闘牛に、フラメンコとギター音楽に……そしてこうした、スペイン的な生の諸局面への情熱の宿りは、政治・社会・文化の時代ごとのありかたとも、密接にからんでいました。

すでに本書途中でも解説しましたが、今一度注意しておきたいことがあります。それは「情熱」の語源に関してです。欧米語の「情熱」(pasión, passion, passione など)は、ラテン語の名詞 passio に由来する言葉で、それは動詞の pati(「こうむる」「身をまかせる」といった意味)から派生しています。「生の流れを内部を通り過ぎるままに放置する」という受け身的態度も、この語源から理解できます。そしてやはりこの語源から、pasión, passion, passione などは、「情熱」のほかに「(キリスト)受難」を意味するようになります。スペイン(人)には、まさに「情熱」と「受難」双方がとりついているのです。

そして二つ目の注意は、スペインはヨーロッパの国々のなかで、長い中世の間つねにイスラーム世界(およびユダヤ人たち)と接しつづけていて、異民族間の接触が日常的になされてきた、そうした地域であったということです。

スペインという国家は、カスティーリャが中心となって、数百年におよぶレコンキスタとその後の異《い》端《たん》審《しん》問《もん》制《せい》によって、イスラーム的要素やユダヤ的要素を排除・拒否しながらまとまったのだから、純粋なる「カトリック的国民性」と切り離せない、と説く人がいます。これは後から結果だけを見ると、まちがいというわけではないのかもしれません。しかし、そのように事後的な観点から過去を評価し直し、スペイン(人)の精神的な発展がイスラームの影響なしでつくられた、というふうに考えるとすれば、誤った解釈となってしまうでしょう。

というのも、スペインには後ウマイヤ朝というイスラームそのものだった時代があり、そうでない時代でも、キリスト教的スペインとイスラーム(やユダヤ)は日常的に接触しあっていたのですから。純粋なカトリック的スペインどころか、数百年、親しい共存関係を維持してきたモーロ人、ユダヤ人、キリスト教徒という三つの血統および文化間の混合と交流こそが、スペイン的な性格をつくっていったというべきなのです。政治的な敵対関係はあっても、無意識のうちに相手の文化や考えかたを受け容れていったのです。

スペイン語には、地名はもちろん、農業用語や官庁用語、他の日常用語に数多くのアラビア語由来の語彙《ごい》があるそうです。また文学にはモサラベ風ロマンセの重要なジャンルがあり、さらに建築や意匠には、イスラームとキリスト教の混淆《こんこう》様式(ムデハル様式)が存在します。より広く文化や社会的習俗を眺めてみても、とくにアル・アンダルスの影響の大きさは誰も否定できないでしょう(フラメンコなど)。

そうならば、私たちがスペイン史を読み解くために中心にすえた「情熱」も、この接触・混淆が大きな要因となって、その性格の一部が形づくられていったのではないでしょうか。

スペインが長い歴史のなかで体現してきた異文化交流は、分裂に直面する現代世界への福音《ふくいん》となるかもしれません。一九九五年にはスペイン政府の提唱にもとづいて、EUが取りまとめた「欧州・地中海パートナーシップ」別名バルセロナ・プロセスが始まりました。これは、過去何世紀にもわたってくり返されたヨーロッパ、中東イスラーム諸国、北アフリカ諸国間の誤解や衝突を解消し、地中海を取り囲む国々・地域の平和と安定を実現して自由貿易の促進と経済繁栄をもたらし、さらにたがいの文化を尊重しつつ市民間の交流と相互理解を深めることを目的にしています。

これには、ほとんど成果はない、とする批判もありますし、イスラエルとパレスティナ、キリスト教圏とイスラーム教圏の対立・緊張を解くことはもちろん容易ではありません。それでもこうした理念を掲げ運動を開始することは大切ですし、その中心的役割をはたせるのは、やはり経験豊かなスペインでしょう。

スペインには、南イタリアとともに古い文明が命脈を保たれ、さまざまな民族交流がくり返されてきました。この国にこそ、近現代の西洋文明(世界文明)とは別の道、それを補い救済する道を指し示す、情熱に裏打ちされた民衆の知恵が埋もれているにちがいないと、最後に希望を込めて記しておきます。

あとがき

　スペインは、私にとって「あこがれの国」である。旅したことは三度あるが、バルセロナ中心で、マドリードやトレド、アンダルシア地方など各地を早足で回ったのは大学生時代に一度あるきりである。もっとじっくり見てみたい、もっとよく知りたい、もっとどっぷりひたってみたいとの思いが、本書を執筆してよりつのってきた。

　スペイン・ロマネスク、アルフォンソ一〇世、ラモン・リュイ、またイタリアのナポリ王国との関係でカルロス三世といったテーマについては、スペイン語の文献もかなり集めたしある程度勉強もしたのだが、論文という形にするまでにはいたっていない。その宿題もいつかはたしたいものだ。

　本書執筆に当たっては、邦文・欧文の数多くの書物を参照したが、ここではとくに参考にさせていただいた主要な邦語文献のみ以下に記しておく。

・アメリコ・カストロ（本田誠二訳）『スペイン人とは誰か――その起源と実像』水声社、二〇一二年
・フェルナンド・チュエッカ（鳥居徳敏訳）『スペイン建築の特質』鹿島出版会、一九九一年
・ルイ・パロー（西海太郎訳）『スペイン文化史概観』アルス、一九四三年
・ハイメ・ビセンス・ビーベス（小林一宏訳）『スペイン――歴史的省察』岩波書店、一九七五年
・サルバドール・デ・マダリアーガ（佐々木孝訳）『情熱の構造――イギリス人、フランス人、スペイン人』れんが書房新社、一九八五年
・マリア・ロサ・メノカル（足立孝訳）『寛容の文化――ムスリム、ユダヤ人、キリスト教徒の中世スペイン』名古屋大学出版会、二〇〇五年
・ウィリアム・モンゴメリ・ワット（黒田壽郎／柏木英彦訳）『イスラーム・スペイン史』岩波書店、一九七六年
・有本紀明『闘牛――スペイン生の芸術』講談社選書メチエ、一九九六年
・牛島信明／川成洋／坂東省次編『スペイン学を学ぶ人のために』世界思想社、一九九九年
・芝修身『古都トレド――異教徒・異民族共存の街』昭和堂、二〇一六年

・関哲行／立石博高／中塚次郎編『世界歴史大系　スペイン史』1・2、山川出版社、二〇〇八年
・立石博高編著『概説　近代スペイン文化史――18世紀から現代まで』ミネルヴァ書房、二〇一五年
・立石博高編『新版　世界各国史16　スペイン・ポルトガル史』山川出版社、二〇〇〇年
・立石博高／関哲行／中川功／中塚次郎編『スペインの歴史』昭和堂、一九九八年
・鶴岡賀雄『十字架のヨハネ研究』創文社、二〇〇〇年
・浜田滋郎『フラメンコの歴史』晶文社、一九八三年

これで、ヨーロッパ主要五か国の「たどる史」シリーズが完結したことになる。最初の一冊（『パスタでたどるイタリア史』）のときにはシリーズ化など想定していなかったが、二冊目（『お菓子でたどるフランス史』）を書き終えたあたりから、やってみたいという気持ちになった。

その後『森と山と川でたどるドイツ史』『王様でたどるイギリス史』そしてこの『情熱でたどるスペイン史』とつづけて、五か国の歴史を調査・研究するなかでは楽しい発見がいっぱいあったし、それぞれの国を専門とする研究者が書かないような文化史・社会史的な通史にしあ

がったのではないかと思っている。

私はヨーロッパ中世史の専門家であり——食べ物の趣味をのぞけば——どの「国」をひいきにせねばならない、というような義理はない。自由な立場でそれぞれの国の歴史を貫く精神の傾向を探り当てようと、手探りの道を歩きつづけた約一〇年間だった。

岩波書店ジュニア新書編集部で最初の二冊を担当してくれた朝倉玲子さん、彼女の退職後しっかりバトンを引きついだ塩田春香さん、お二人が暗中模索《あんちゅうもさく》の道をつれ立って進んでくださったからこそ、順調に五冊の完結というゴールまでたどりつけたのだと思う。もちろん本書についても、塩田さんは原稿を詳細に検討し、中高生にふさわしい作品になるようさまざまな指摘・提案をしてくださった。お二人に衷心より謝意を表したい。

本書が若い読者の方々のスペインへの知的情熱を燃え立たせられれば、著者としてもよろこびも一入《ひとしお》である。

二〇一八年一一月

池上俊一

1848　バルセロナとマタロ間にスペイン初の鉄道敷設
1873　国民議会が共和政を宣言(第1共和政，～1874)
1883　ガウディ，サグラダ・ファミリア教会の建築家に就任
1888　労働者総同盟(UGT)結成
1898　米西戦争勃発し，アメリカに敗北
1914～1918　第1次世界大戦．スペイン政府は中立を守る
1923　王の承認をえてミゲル・プリモ・デ・リベラ将軍が独裁を開始
1931　アルフォンソ13世が亡命し，第2共和政成立(～1939)
1936　スペイン領モロッコでフランコ将軍が反乱，スペイン内戦始まる
1937　ピカソ「ゲルニカ」をパリ万博スペイン館に出展
1939　フランコ，マドリード占領により内戦の終結を宣言．独裁を開始し人民戦線派を弾圧
1955　スペイン，国際連合加盟
1959　バスクの分離独立をめざす「バスク祖国と自由(ETA)」結成
1975　フランコが没し，その遺言に従ってフアン・カルロス1世即位
1978　「1978年憲法」が国民投票で承認され，スペインは立憲君主制に
1983　この年までに17の自治州が認められる
1986　スペイン，ヨーロッパ共同体(EC)加盟
2010　フラメンコ，ユネスコ無形文化遺産に登録

本扉裏イラスト　片塩広子
図版出典　123RF
口絵：6，12，18，19，21，24，地図1(改変)
本文：図1-1，図1-3，図2-1，図2-2

1563　マドリードにエル・エスコリアル宮殿建設(～1584)
1571　スペイン，教皇，ヴェネツィアの連合艦隊，レパントの海戦でオスマン・トルコに勝利
1579　オランダ北部七州，ユトレヒト同盟を結成しスペインから事実上独立
1580　フェリペ２世，ポルトガルを併合(～1640)
1584　天正遣欧使節，フェリペ２世に謁見
1588　無敵艦隊，アルマダの海戦でイギリス海軍に敗北
1605　セルバンテス『ドン・キホーテ』第１部発表
1609　モリスコの国外追放開始(～1614)
1625頃　ティルソ・デ・モリーナ『セビーリャの色事師と石の招客』出版
1640　ポルトガル，ブラガンサ王朝の下にスペインからの再独立を達成
1656　ベラスケス「ラス・メニーナス」制作
1700　カルロス２世没し，アンジュー公フィリップがフェリペ５世として即位(～1746，ブルボン朝成立)
1701　スペイン継承戦争開始(～1714)
1730～50代　闘牛術の形式定まる
1759～1788　カルロス３世が啓蒙専制君主として統治
1808　ナポレオン軍，スペインに進駐し，対仏スペイン独立戦争始まる(～1814)
1812　カディスでスペイン初の自由主義憲法(カディス憲法)成立
1820代　キューバ，プエルトリコを除くほぼすべてのラテン・アメリカ諸国が独立
1833　フェルナンド７世死去，第１次カルリスタ戦争(～1839)
1835～37　メンディサバル首相／蔵相による永代所有財産解放令公布，限嗣相続制廃止，領主制の廃止，農地囲い込み自由化，メスタ解散
1836　フランシスコ・モンテス『闘牛術大全』出版
1842　セビーリャに「カフェ・カンタンテ」開店
1846～1849　第２次カルリスタ戦争，イサベル２世派の勝利に終わる

1143　ポルトガル，レコンキスタの過程でカスティーリャ王国から独立
12世紀半ば〜13世紀初頭　叙事詩『わがシッドの歌』成立
1212　キリスト教諸国連合軍，ラス・ナバス・デ・トロサの戦いでムワッヒド朝軍を打倒
1230　カスティーリャ王フェルナンド3世，レオン王位を継承し両王国を統合
1232　ラモン・リュイ誕生(1315年没)
1238　ナスル朝のムハンマド1世，グラナダを奪取し王国を建設(〜1492)
1256　アルフォンソ10世『七部法典』編纂開始
1348〜1350　ペストの蔓延
1469　カスティーリャ王女イサベルとアラゴン王子フェルナンドが結婚
1478　スペインに異端審問制導入
1479　フェルナンド2世がアラゴン王に即位し，スペイン王国成立
1492　1月，グラナダ陥落し，レコンキスタが完了．3月，ユダヤ教徒に対しカトリックへの改宗令公布．10月，コロンブス，サン・サルバドル島に到達
1502　ムデハル改宗令公布
1515　アビラのテレサ誕生(1582年没)
1516　ブリュッセルでカルロス1世が即位宣言(〜1556，ハプスブルク朝成立)
1520〜1521　カスティーリャ諸都市でコムニダーデスの反乱
1521　エルナン・コルテス，アステカ帝国(メキシコ)征服
1533　ピサロ，約180名の部下を率いてインカ帝国(ペルー)征服
1534　イグナティウス・デ・ロヨラら，イエズス会を創設
1540〜1550代　「血の純潔」規約広まる
1549　フランシスコ・ザビエル，鹿児島に上陸しキリスト教布教を始める
1552　ラス・カサス『インディアスの破壊についての簡潔な報告』出版

スペイン史年表

前 3000 代　アフリカからイベリア人がイベリア半島に到来
前 900〜前 650　ケルト人が北方よりイベリア半島へ移住し，先住のイベリア人と混淆
前 8 世紀以降　フェニキア人とギリシャ人，イベリア半島に定着
前 218〜201　第 2 次ポエニ戦争．その勝利後，ローマはイベリア半島に属州ヒスパニアを設置
415　西ゴート族，イベリア半島に侵入．3 年後，ガリア南部とイベリア半島に西ゴート王国を建国
589　レカレド王，第 3 回トレド公会議で王国全体のカトリックへの改宗を宣言
711　ターリクに率いられたイスラーム軍，半島に侵入してロドリーゴ軍を破り西ゴート王国を滅ぼす
722　アストゥリアス王国，コバドンガの戦いでウマイヤ朝のイスラーム軍を破る(レコンキスタの始まり)
756　アブド・アッラフマーン 1 世，コルドバに後ウマイヤ朝を樹立(〜1031)
795　フランク王国のカール大帝，スペイン辺境領を設置
910　アストゥリアス王国のガルシア 1 世，首都をレオンに移しレオン王国と改称
961　ハカム 2 世即位．文芸を支援し，コルドバに数十万冊の蔵書を誇る図書館建設
1031　後ウマイヤ朝が滅亡し，20 以上のタイファに分裂
1037　カスティーリャ王国のフェルナンド 1 世，レオン王国を併合
1085　カスティーリャ王国のアルフォンソ 6 世，西ゴート王国のトレドを再征服
1091　アル・アンダルスにムラービト朝開かれる
1130　モロッコにムワッヒド朝成立(〜1269)
1137　アラゴン王国がカタルーニャ公国と合体し，アラゴン連合王国成立

池上俊一
1956年，愛知県生まれ．東京大学大学院総合文化研究科教授．専門は西洋中世・ルネサンス史．
父親(現代中国政治研究者)の仕事柄，中国漬けだった幼少時代の家庭への反動でヨーロッパ史に興味をもち，フランスとドイツの中世文化史・宗教史を研究．旅行で訪れたイタリアで気の良い人々と美味しい料理に魅了されてイタリア研究にのめりこみ，岩波ジュニア新書『パスタでたどるイタリア史』を執筆，課題図書に．その後『お菓子でたどるフランス史』『森と山と川でたどるドイツ史』『王様でたどるイギリス史』と続き，本書は5作目．その国を象徴するもので歴史をたどる人気シリーズとなっている．
その他，主な著書に『ロマネスク世界論』『ヨーロッパ中世の宗教運動』『公共善の彼方に　後期中世シエナの社会』(いずれも名古屋大学出版会)，『身体の中世』(ちくま学芸文庫)など多数．

情熱でたどるスペイン史　　岩波ジュニア新書 890

2019年1月22日　第1刷発行

著　者　池上俊一《いけがみしゅんいち》

発行者　岡本　厚

発行所　株式会社 岩波書店
〒101-8002 東京都千代田区一ツ橋 2-5-5
案内 03-5210-4000　営業部 03-5210-4111
ジュニア新書編集部 03-5210-4065
http://www.iwanami.co.jp/

印刷製本・法令印刷　カバー・精興社

ISBN 978-4-00-500890-2　　Printed in Japan

岩波ジュニア新書の発足に際して

きみたち若い世代は人生の出発点に立っています。きみたちの未来は大きな可能性に満ち、陽春の日のようにひかり輝いています。勉学に体力づくりに、明るくはつらつとした日々を送っていることでしょう。

しかしながら、現代の社会は、また、さまざまな矛盾をはらんでいます。営々として築かれた人類の歴史のなかで、幾千億の先達《せんだつ》たちの英知と努力によって、未知が究明され、人類の進歩がもたらされ、大きく文化として蓄積されてきました。にもかかわらず現代は、核戦争による人類絶滅の危機、貧富の差をはじめとするさまざまな人間的不平等、社会と科学の発展が一方においてもたらした環境の破壊、エネルギーや食糧問題の不安等々、来るべき二十一世紀を前にして、解決を迫られているたくさんの大きな課題がひしめいています。現実の世界はきわめて厳しく、人類の平和と発展のためには、きみたちの新しい英知と真摯《しんし》な努力が切実に必要とされています。

きみたちの前途には、こうした人類の明日の運命が託されています。ですから、たとえば現在の学校で生じているささいな「学力」の差、あるいは家庭環境などによる条件の違いにとらわれて、自分の将来を見限ったりはしないでほしいと思います。個々人の能力とか才能は、いつどこで開花するか計り知れないものがありますし、努力と鍛練の積み重ねの上にこそ切り開かれるものですから、簡単に可能性を放棄したり、容易に「現実」と妥協したりすることのないようにと願っています。

わたしたちは、これから人生を歩むきみたちが、生きることのほんとうの意味を問い、大きく明日をひらくことを心から期待して、ここに新たに岩波ジュニア新書を創刊します。現実に立ち向かうために必要とする知性、豊かな感性と想像力を、きみたちが自らのなかに育てるのに役立ててもらえるよう、すぐれた執筆者による適切な話題を、豊富な写真や挿絵とともに書き下ろしで提供します。若い世代の良き話し相手として、このシリーズを注目してください。わたしたちもまた、きみたちの明日に刮目《かつもく》しています。（一九七九年六月）